自己満足。

ダブルブッキング

DOUBLE BOOKING

はじめに

本など出せるはずのない人間が出した本です。そういう人間が本を出すと、こうなりますよという悪い例の本かもしれません。特に何かを伝えるとかもありません。タイトル通りただの自己満足の本です。自己満足しているのかさえわかりません。こんな本、出版社も赤字でしょう。これは僕らにオファーした出版社が悪いです。ここで本を閉じてもらって大丈夫です。他にやることたくさんありますよね？

川元文太

この本は、読んだら後ろ向きな気持ちになれます。使い方としては、もちろんあなたにも読んで欲しいですが、テンションが高い松岡修造タイプの方にプレゼントして、その方のテンションを下げるという使い方もできます。何も結果を残せていない芸人が見切り発車で作った本。出してる僕らも、出そうとしたマネージャーも、出した出版社もイカれている。そんなイカれた人間しか関わっていないこの本。ぜひ最後までお楽しみ下さい。

黒田俊幸

ダブルブッキング

1998年結成。ホリプロコム所属。
1998年9月、ホリプロほりおこしライブでデビュー。

目次

川元文太

KAWAMOTO BUNTA

1974年12月24日生まれ。ボケ担当。ネタ作りでは執筆担当。身長170cm。血液型O型。好き嫌いが激しく、かなりの毒舌。虫が好きでゴキブリを素手でつかむこともできる。『進ぬ！電波少年』に「箱男」で出演。自己破産経験アリ。

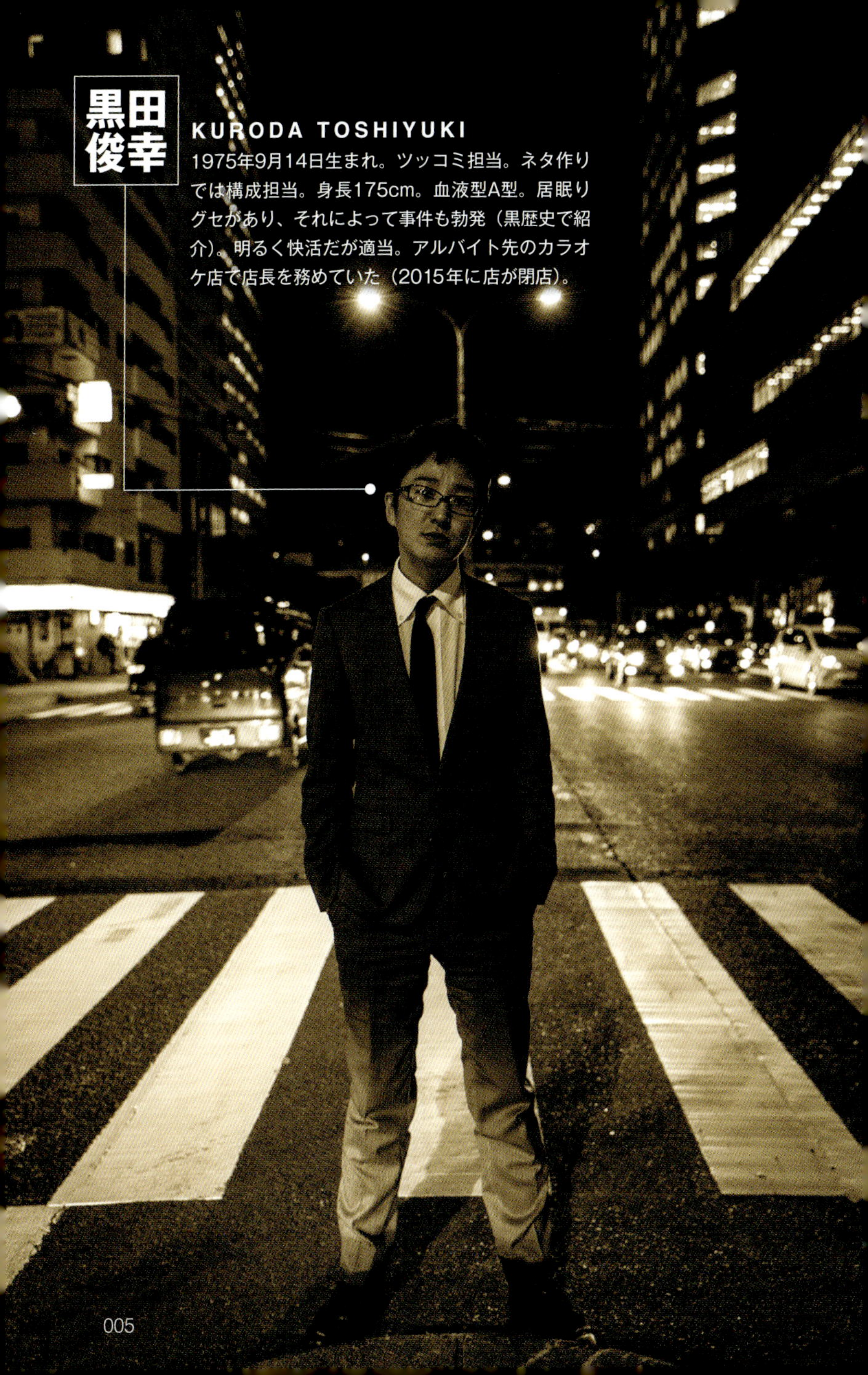

黒田俊幸

KURODA TOSHIYUKI

1975年9月14日生まれ。ツッコミ担当。ネタ作りでは構成担当。身長175cm。血液型A型。居眠りグセがあり、それによって事件も勃発（黒歴史で紹介）。明るく快活だが適当。アルバイト先のカラオケ店で店長を務めていた（2015年に店が閉店）。

立入禁止

立入禁止

「あれ？」(川元)

「もう無いっスね…住んでたアパート」(黒田)

「いや〜、懐かしいですね、この店！」(黒田)
「……俺は下北沢に居たの長くないから」(川元)

KAWAMOTO BUNTA

川元文太先生

独占インタビュー

某日、ダブルブッキングのマネージャーさんから「川元先生がペンを走らせた！」との電話を受け、急いで事務所へと向かった。ついに、巨匠が動き始めたのである。期待に胸を膨らませながら先生と対面した…。

「ペンが止ま
永遠に書き

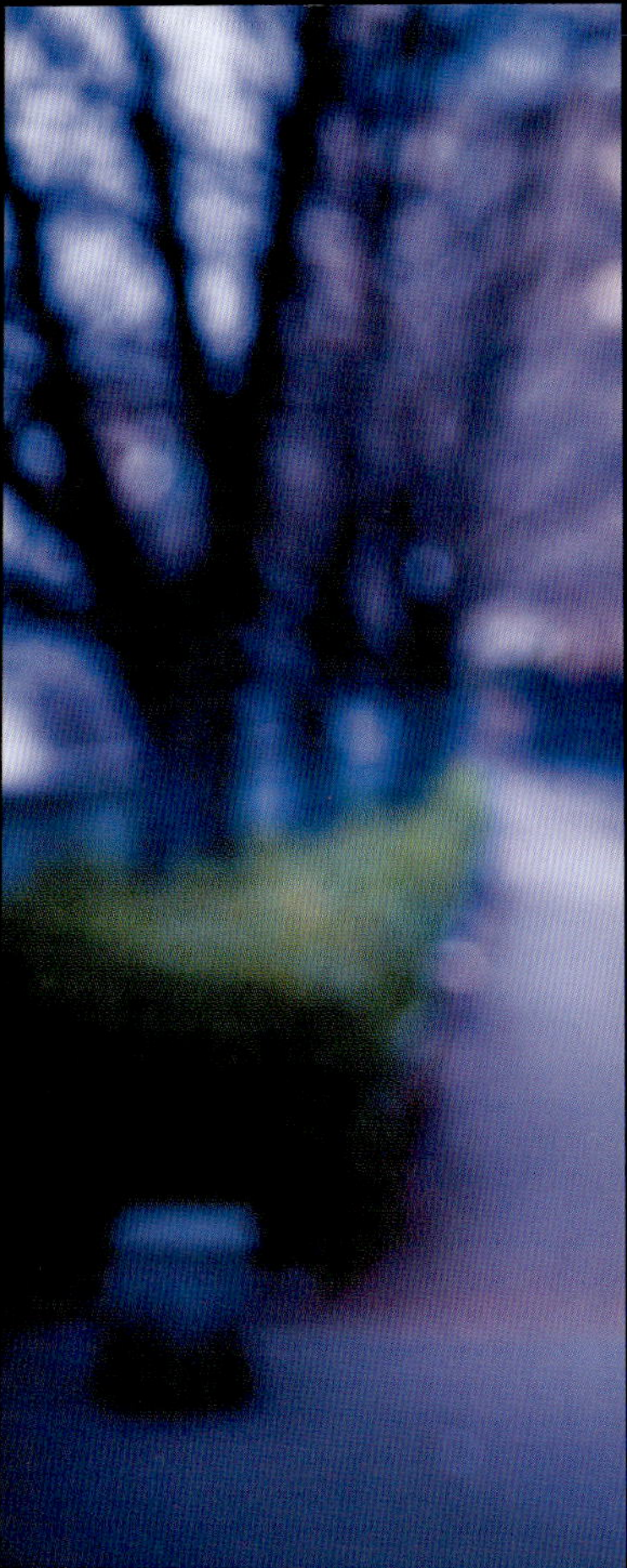

「本のジャンルですか？
それは読む人が決める事」

ついに執筆を始めた天才
気になるその内容は……

私が通されたのは、事務所内にある楽屋だった。聞きたい事は、たくさんある。はやる気持ちを抑えながら待っていると、先生は厳しい面持ちでペンを持って現れ、現場は一気に緊張感に包まれた。

先生は静かに座り、何か考えてる様子だったので、しばらくの間、沈黙が続いた。そして5分ぐらい経った頃だろうか（実際は1、2分だったのかもしれないが、現場の緊張感が時の経過を長く感じさせたのかもしれない）、先生は「どうぞ」と静かに口を開いた。私は一回、深く息を吸い込み、気持ちを落ち着かせてから「なぜ今回、ペンを執ったのか」と質問した。

川元「うんうん、まあ書くつもりはなかったのですが、周りが寄せてきたという感じが否めませんね。例えば、座薬も浅けりゃ外に出てくるじゃないですか。私が座薬で、周りがお尻の穴。ア○ルね、分かりますか？ お尻の穴で例えてしまったけど、つまりはマネージャーだったり、会社の人間だったり、家族だったり。周りの人の"寄せ"が私を突き動かしましたね」

奥が深い。あまりにも深すぎて意味がよく分からなかった。私は自身のイマジネーションの薄さにがっかりしたが、先生の想像力のクオリティにただただ感服した。そして、私は興奮していた。聞きたい事がとめどなく頭の中を駆け巡る。なぜこのタイミングで執筆なのか？ それはきっと、周りの寄せのほかにも理由があるはずだ。

川元「うんうん、まあね。今、文豪と呼ばれる人が居ないじゃないですか。昔は芥川龍之介やナンシー関などが居ましたけど……今は敬意に値する文豪が居ない。まあ彼らの書籍を読んだ事はないですけどね。名前だけ聞いた事ある感じです。そもそも私は本屋に行きませんから。本を読む気にもなれない」

本を今まで読んだ事がないというのは意外だった。先生が考える「本」の概念は何なのか。

川元「うんうん、そうだね、ただの紙。それをあんな値段で売るんだって思うよ」

そう考える先生が、本を出す事に意味があると、私はそう感じた。これまでに多くの芸能人が本を出している。先生はどんな本を出すつもりなのだろうか。

川元「うんうん、君ね、そんなものと一緒にしないでくれるかな。そもそもね、あの人たち書いてないでしょ？ 大体がゴーストライターでしょ？ もちろん、私は全部自分で書きますよ。本当はね、全編にわたって私の小説でもよかったんです。相方を外してもらってね。でも事務所の意向ですからね、二人で本を出すという事が。世間はあいつ（黒田）を求めてないので、足かせになるかなと懸念はあります。タイトルも『川元文太の～』って付けたかったんですけどね。いや、その方が売れますよ？次に（本を）出す機会があったら、単独で出そうと思っています」

小説。確かに先生はそう言った。多くの芸能人がエッセイを出す中、小説というジャンルを選んだのは理由があるのか。

川元「うんうんうん、ジャンルとか分からないですよ。なぜなら、本を一切読んだ事ないんだから。君が知りたいのはミステリーなのか、フィクションなのか、そういう事でしょ？ でも、それは読んだ人が決める事ですからね」

私は自身の固定観念を嘆いた。ジャンルを縛るのは、発信する側が勝手に決める事で、それは押しつけにすぎない。先生はその事が言いたいのだろう。読者がどう受け取るかで、その本の価値が決まる。

川元「先日ね、古本屋で『黄昏流星群』を立ち読みしましたよ。漫画は好きです。小説より読みやすいじゃないですか」

読みづらいと感じている小説を、先生は書こうとしている。それはまさに革命だろう。出版界に大きな変革をもたらすかもしれない。私は先生の奥深さに再び感銘しつつも、少しだけ恐怖を感じた。私は今、とんでもない瞬間に立ち会っているのかもしれない。そう考えると、身震いがした。この方は、賞を取るかもしれない。

川元「うんうん、賞にはね、興味ありませんから。ただ、たくさんお話が来るんじゃないですかね。この話を舞台にしていいですか？ とか、映画化とか、単発のドラマ化とかね」

賞という名誉よりも、たくさんの人に、いろいろな形で作品を楽しんでもらいたいという願いなのだろう。先生はやはり器が大きい方だ。そして何より、エンターテインメントを常に意識している。執筆は進んでいるのだろうか。

川元「うんうん、ペンが止まりませんよ。短編小説ならずっと書き続けられますよ。永遠にね。今、８本の短編小説を書き終えています。２０００~３０００字程度ですかね。設定さえ決めてしまえば、もう止まりません、最後まで。ノンストップですよ。短編の方がよい。いや、私が思うにですけどね、長い小説って無駄に薄く引き伸ばしている。私の小説は、無駄を省いた内容になっていますよ」

今からが楽しみで仕方がない。ついに川元先生がペンを走らせている。天才・川元文太が本を出す。これ以上、何を望むだろ

黒
天

大黒天
大黒天

うか。先生は、さらに心中を話し始めた。
川元「なぜ本を出したのか。君はまだ疑問を抱いているのだろう。いい目ですね。その猜疑心たっぷりの目に、私は興奮しますよ。私が何かを始める時には、目的があるのです。もちろん周りの声もあったが、そんな事だけで私は動かない。最近ふと思ったのだが、私の場合は結婚していますが、正直、いろんな女性を抱いてみたいな、と強く思うようになりましたよ。いろんな女性を抱きたい。小説を書くとね、頭の良い女性、インテリな女性が寄ってくると思うのですよ。お笑い芸人をやっているとブスでバカしか寄ってこないのでね」
　先生は正直だ。その正直さが川元先生の天才たるゆえんだ。動機は、はっきり言ってクソ最低だが、私はそこにすら先生の魅力を感じてしまう。いや、多くの人が共感するのではないだろうか。女を抱きたいから小説を書く。単純のようで実は奥深いのではと考えさせられてしまう。それは、川元先生だからだろう。
川元「しかし、相方が邪魔ですね。これあれですか、ギャラは均等ですか？　9対1ぐらいですかね？　まあマネージャーとそのへんは詰めておきましょう。実は、私は風俗が好きなんでね。ギャルのデリヘルが池袋にあるんですよ。前に一度行った事あるんですけど、ゴリゴリの黒ギャルが現れて興奮しましたね、あれは。執筆の研究材料として最高ですよ。普段生活している中で、ゴリゴリの黒ギャルと接するシチュエーションなんてないでしょ？　もう一度味わいたいですね」
　体を張って何かを成し遂げる。先生はただ机に向かって書き続ける訳ではない。
川元「ロングでオプションを付けられるぐらい売れたいですね。夢はでっかくです」

※このインタビューは、ほぼフィクションです。

「ロングでオプションを付けられるぐらい売れたいですね」

KAWAMOTO
短編小説

01

ふり

思い出の話を書こう。僕は鈴木浩二、55歳独身。これは昭和60年頃の話だ。僕は自動車を造る工場に勤めていた。三千人ほどが働いている巨大な工場だった。出勤したらロッカーで作業着に着替えて、さまざまな機械やベルトコンベアがある作業場へ移動する。多くの工場員がそれぞれのポジションに就く。

ある日の朝、僕は後輩の橋本を探した。橋本は作業着のジッパーを閉めながら小走りでやってきた。僕は「橋本、遅いぞ何やってんだ！　このダンボール持て！」と怒鳴った。橋本は「すいません」とダンボールを担ぎ上げた。僕も、もう一つのダンボールをよいしょと言って担ぎ上げた。ダンボールの中身は空だった。

僕はその工場で8年間働いたふりをしていた。今の時代は管理が行き届き、考えられないかもしれないが、当時は管理も甘く人も多いので働いているふりをしていてもバレなかったのである。工場で自動車を造っている事は知っていたが、知っているのはそれぐらいでほとんど何の知識もなかった。

働くふりも楽ではなかった。多分働いている人たちより精神的には疲れると思う。バレたら終わりなのだ。だから周りの人たちとはなるべく交流しない。仕事の話になったら困るからだ。入社した時にはポジションを与えられたが、しょっちゅう上の人間が替わるし、周りも頻繁に辞めたりするので、そのうち工場内をフラフラして働かなくなった。後輩の橋本が入社してきた時、何となくこいつは信用できると思い、「オレと一緒に働いているふりをしないか？」と誘ってみた。二つ返事で私の誘いに乗った。

それから仕事の後（働いてはいないが）よく飲みに行くようになった。飲みに行くとよく工場の人たちの事をばかにして笑っていた。橋本が毎回のように「あいつら毎日油まみれになってんのに何もしてないオレらと給料一緒なんすよ！」とケラケラ笑いながら言っていた。いつも二人ともベロベロになり、工場まで行き、壁に立ち小便をしていた。

当時私には彼女が居た。結婚寸前までいったが私の方から断わった。花屋に勤めている女性だった。彼女は仕事が終わるとよく工場の前で私を待っていた。1年2年と過ぎるうちに彼女はほかの工員たちと気さくに話すような仲になっていた。私としては気分が悪かった。嫉妬ではなく彼女のせいで私とほかの工員とつながりができてしまう可能性があったからだ。これは良くないと考えた私は彼女に「ブスだから別れてくれ」と告げた。私は仕事を取ったのだ（働いてはいないが）。彼女がブスなのは本当だった。その時彼女は泣いていたが、数か月後、工場で働いていたコロンビア人とコロンビアへ行ってしまった。今はどこで何をしているかは知らないが、幸せになっていないでほしい。

私と橋本はいつものように大きな機械の裏に回ってダンボールを置き腰を落とした。ゴトンゴトンと音を立てていたが何の機械かは分からない。人が来たらダンボールを持ち上げ、また別の人目に付かない場所に移動する。橋本が「昼何食います?」と聞いてきた。工場に食堂があったがわれわれはいつも外に食べに出ていた。と言っても工場の近くには小さな定食屋が一軒しかなかった。橋本の「昼何食います?」は定食屋で何を食べるのかを聞いていた。今日はどうしようかなと私が考えていると「何してんだ?」と見た事のない工員が話しかけてきた。恐らくこの辺りのブロックの班長だろう。私たちはダンボールを抱え「中山さんの所まで、これ持っていけと言われたんですけど見ました?」と尋ねた。中山さんという人はいない。「中山さん?」話しかけてきた工員が考えている。私たちはダンボールを抱えて「探してみます。失礼します」とその場を後にしようとした。いつもならこれでやりすごせていた。しかしその工員は「その中身は何だ」と聞いてきた。すかさず橋本が「ナットです」と答えた。工員は「ナット? ちょっと待ってろ」と言い「中山さーん! ナットきてますー! 中山さーん、居ますかー」と大きな声を出した。橋本が小声で「行きましょう」と私に言ってきた。その時、私は根が真面目なので逃げる事に躊躇(ちゅうちょ)してしまった。橋本が工員に「大丈夫ですから、ありがとうございます」と言って私の袖を引っ張った。私はついて行った。さまざまな機械を過ぎ、人目に付かない所でまた腰を落とした。「危なかったっすね、あのブロックにはしばらく行くのやめましょう」頼もしい後輩だと思った。

後から分かった事だが、われわれに話しかけてきた班長と思われる工員も実は働いているふりをしていたのだ。われわれのようにコソコソせず堂々と働いているふりをしていたのが裏目に出たのか、バレてクビになってしまった。

それからも私たちはしばらく働いているふりを続けた。しかし私は長年働いているふりをしているのがたたったのか、ストレスで胃に穴が開いてしまった。そして私はそのまま工場を辞めてしまった。

辞めた後、私は日雇い労働などで食いつなぎ、何とか今日まで生きてきた。本当に平たんな人生だった。これからも何もないだろう。あの時彼女と結婚しておけば、また違った人生だったかもしれない。なぜあの時、仕事の方を取ったのかは分からない。今までこのような文章など書いた事はない。なぜこういう事を書いたかというと、さっき、私が働いていた工場の自動車会社の社長に、橋本が就任したというニュースを見たからだ。

同窓会

新幹線から降りた沢田茂はもうニヤけていた。沢田がボーカルを務める、『粘着ボーイズ』は今若い女性を中心に人気のバンドだ。歌は現在放送しているドラマの主題歌にもなっている。苦節10年、今年『君を迎えに』が大ヒットした。CDが売れないこの時代に80万枚も売れた。高校を卒業してから地元の名古屋には帰っていなかった。しかし今日帰ってきた。高校の時の同窓会があるからだ。来たのは売れたからみんなにチヤホヤされたいのと、菊池里奈に会うためだった。沢田は高校時代から里奈に想いを寄せていた。よく話す友だちのような仲だったが、卒業式の日に思い切って、バンドで成功したらオレと付き合ってくれと告げた。里奈はニッコリ笑って「うん」とうなずいた。それから10年、一切連絡もせず音楽だけに打ち込んだ。『君を迎えに』は里奈に向けた歌だった。

名古屋駅から歩いて同窓会のある居酒屋に向かった。同窓会といっても普通に居酒屋で飲むだけだ。道行く女の子たちが「今の沢田アロンアルファ茂じゃない？」とはしゃぎだす。粘着ボーイズというバンド名なのでメンバー全員の名前の間に粘着するものが入っている。キャーキャー騒ぐ女の子たちを背に、さっそうと居酒屋に入った。

エンジニアブーツを脱いで下駄箱に無理矢理押し込んでいると「茂！」と相川が肩を組んできた。「おー相川！　久しぶりだな」と沢田が言うと「お前すげえな！」と肩を揺さぶった。

高校時代、相川とはそんなに親しい間柄でもなかった。茂と呼ばれていたのかさえも覚えていない。それでも気分が良かった。売れるとはこういう事だと思った。ニヤけた店員に10畳ほどの座敷に案内されると、まだ誰も来ていなかった。時間を間違えた。19時スタートだと思い、19時10分に来てしまったのだ。沢田としてはみんながそろっている所に登場したかったのだ。先に待っているのは恥ずかしかったが、仕方なく座った。テーブルの向かい側に相川が座った。「茂、後でLINE教えてよ」「あーまあ」と濁していると「茂!」と山田が入ってきた。特に親しくはなかったがハイタッチしてきた。その後も次々に同級生が入ってきた。沢田は質問攻めに遭っていた。あの司会者はどうなんだの、あの歌手どう思うだの、あの人とあの人は付き合ってるかだのどうでもいい事を聞いてくる。「オレあんま分かんねえから」と適当に流していると、里奈と仲の良かった由紀が来た。立ち上がって由紀の所へ行き「里奈は?」と聞いた。由紀は「来るけど……」とうつむきながら言った。腕時計に目をやるとちょうど19時30分だった。そこへ一匹のビーグル犬が座敷に入ってきた。名前も覚えていない女が犬に向かって言った。「里奈~元気だった~?」

菊池里奈は犬になっていた。人間が動物になってもいいという法律は30年前の西暦2030年頃に決まった。事故や病気で体がまったく機能しない人の脳を動物の頭の中に埋め込むのだ。動物になってしまうが記憶や感情は人間の時のままだ。賛否両論あるが植物状態になった人間より動き回れる動物の方が良いと考える人も多かった。

沢田は居酒屋のトイレの個室に駆け込んだ。そこで声を上げて泣いた。声を抑えようにも抑え切れなかった。しばらくして「大丈夫？」と由紀が男子トイレの中まで来て話しかけた。涙を拭いて目を真っ赤にしながら扉を開けてトイレから出た。由紀に「何で里奈は犬になんか……」「これ読んで。里奈からの手紙だから」と沢田に手紙を渡しトイレから出ていった。もう一度トイレの個室に入り手紙を読んだ。

「沢田君久しぶりだね。最近の活躍、自分の事のようにうれしいよ。高校の時の文化祭で歌ってる姿を見て絶対売れるって思ったよ。私本当にそう思ったの。ずっと応援してたよ。そんな事はどうでもいいか。何で私が犬になったかだよね？　興味がなかったら、この手紙読まずに捨てていいからね。私、2年前に自殺したけどギリギリ死ねなかった。電車に飛び込んだの。植物状態になって1年経った時に親が私の脳を犬に移植したんだ。あ、この手紙は由紀に書いてもらってる。50音が書かれた紙に私が手を置くの。手じゃなくて足だね（笑）。私ね、沢田君の事を待ってようと思ってた。本当に売れると思ってたから何歳になっても待ってようと思ってた。言ってなかったけどずっと好きだったんだよ。でも私ダメだった。5年前に勤めてた美容室の店長と付き合ったの。半年で別れたけど、沢田君に申し訳なくてずっと後悔してた。後悔が日に日に大きくなっていったの。心療内科に通ったけどそういう問題じゃなかった。自分が許せなかったの。それで電車に飛び込んだんだ。うぬぼれ覚悟だけどあの『君を迎えに』は私の事？　私の事じゃなくてもすごくいい歌。大好き。もし私の事まだ想っててくれたなら本当にごめんね。こんなにばかで本当にごめんね。同窓会に沢田君が来るって聞いて行こうかどうか迷ってる。だって人が犬になってたら普通に引くよね。もし私が来てたら少しでいいからお話ししてね。里奈」

沢田はさっきこれでもかと泣いたのに、またこれでもかと泣いた。何度か同級生が様子を見にきてくれたが、仕事の電話だと言って追い返した。

憔悴（しょうすい）しきったが、トイレから出ると里奈が居た。犬じゃない人間の里奈が居た。前よりもっと綺麗になった彼女が居た。「ごめん、こんな事して」そこへドッキリの看板を持った相川が入ってきて、ほかの同級生もワッとトイレに入ってきた。沢田は相川をブン殴ったが、みんな笑っていた。相川も笑っていた。みんなで座敷に戻り同窓会がスタートした。沢田と里奈はずっと手をつないでいた。もちろん美容室の店長と付き合ったというのもドッキリだった。里奈はしっかり10年待ち続けていた。ビーグル犬は彼の飼い犬でドッキリの発案者が相川だったと聞き、沢田はもう一発ブン殴ったがみんな大爆笑だった。その時ガリガリのコリー犬が入ってきた。担任だった藤岡先生だそうだ。これはドッキリではなかった。ちなみに二次会のカラオケには犬と藤岡先生は入れなかった。

劇団

これで乗るのは最後になるであろう山手線の窓から、満開の桜が見える。しかし、山城明恵には何の色もない景色に見えていた。明恵は東京での二十年間の生活を思い出していた。初舞台で緊張して台詞がとんでしまったこと、小さい小屋だったが初めて主役を務めた舞台のこと、映画に出て一言だったが台詞をもらえたこと、劇団仲間と居酒屋で朝まで演劇論を語ったこと……。そのすべてがクソみたいなだと、思った。そして今日、劇団を辞めて実家の香川に帰る。女優を夢見て上京して二十年。くたくたに疲れていた。結局、ただの劇団員で終わったのだ。これから生きていくうえで、東京での生活は、何の役にも立たないだろう。結婚もしていなければ恋人もいないただのおばさんだ。涙すら出なかった。

新宿駅から夜行バス乗り場へ向かっていると、劇団員達が見送りにきていたが、ここ数年この劇団員達にもうんざりしていた。

高橋「明恵！　お前は辞めてもずっと俺らのメンバーだから！」

大島「明恵さんの演技大好きでした！　でも明恵さんの人生ですから俺は止めません！」

前田「明恵さんから教わったこ事、全部が俺の…俺の…（泣）」

板野「私、辞めるって聞いたときショックで泣いちゃいました。でも、今日は笑顔で見送らせてください！」

篠田「フレーッフレーッ！　明恵フレッフレッ明恵！　頑張れ頑張れ明恵！」

明恵「……みんなありがとう」
彼女は恥ずかしげもなくこういうことが出来る人間達と今まで一緒にいたことが、本当に時間の無駄だったと思った。さらにいえば、やっぱりこの人達は、芝居がヘタクソだ。台詞口調で何も私に響かない。練習してきた感じが誰にでもわかる。自分の言った「みんなありがとう」も、ヘタクソだと感じてゾッとした。
高橋「明恵、バスの発車まであと15分ぐらいあるだろ?」
明恵「そうですね」
高橋「せーの!」
劇団員達「素敵な別れさ～♪　出会いの未来があるから～♪　夢叶う日まで今はここでそうBye For Now～♪　Oh Bye For NowマジじゃLえないけれど～♪・・・」
明恵は劇団員達の歌を聴きながら高層ビルを見上げて、笑いをこらえた。選曲もそうだが歌い出す事自体がもうたまらない。歌詞が2番に入ったときが、いちばん危なかった。「まだ歌うのかよ!」とツッコミそうになったが、これで最後だし穏便に済ませようと思い「ありがとう。泣いちゃいそうだった」と、ありきたりな台詞を吐いた。
高橋「これはおまえが初舞台のとき着たTシャツだ。持ってけ」
気持ちが悪いと思った。何でおまえがそんなものを持っているんだ、この最低男、と。明恵は劇団に入って三年目から二年間、座長の高橋と付き合っていた時期があった。彼の演劇論に間違えて、惚れてしまったからだ。結局、高橋はただのＤＶ男だった。ボコボコに殴ったあと泣きながら謝ってくるというお決まりのパターンにうんざりして別れたのだった。その時、劇団も辞めようと思ったが、まだ女優を夢見ていた頃だったので辞めたら負けだと思い踏みとどまった。別れた後も、時々体の関係を迫ってきた。酔っているときはそれに応じていた。

明恵は渡されたＴシャツをボストンバッグに雑にしまい、香川行きの夜行バスに乗ろうとした。発車までまだ時間があったが「今までありがとうございました。みんなのこと絶対忘れないから」と棒読み気味で言い放ち、バスに乗り込んだ。深夜バスに乗るとカーテンがあらかじめ全部閉まっていた。明恵は恐る恐るカーテンを少しめくり、外を見ると劇団員達が輪になって何やら話し合いをしていた。早く発車してくれと願った。しかし、発車までは10分ほどある。カーテンを閉めて、発車する時に手を振ろうと考えた。

座る窓ガラスがコン、コンと鳴った。劇団員の誰かがジャンプして叩いたのだろう。明恵はカーテンを最小限に開けてみた。外では明恵が主役を務めた舞台の再公演が行われていた。見なかったことにしたかったが、高橋と目が合ってしまった。通行人が何も見なかったことにして通り過ぎていく。半笑いで芝居を見ていると、主役の明恵が入ってくるシーンになった。誰が私の役をやるんだろうと思った時、劇団員全員がこちらを見た。吐きそうになった。どうやら劇団を辞めずに戻って来いという意味らしい。座席の前にあるビニール袋を握りしめた。カーテンを閉め前屈みになった。

「明恵！」

高橋がバスの中に入ってきた。

「戻って来い！　俺らまだ夢の途中なんだよ！」

運転手に「お客さん券がないとご乗車できないんですよ」と言われ肩に手を置かれた瞬間、高橋が殴った。運転手はよろめいて、殴り返した。パンチは喧嘩慣れしているのか、昔ワルだったのかわからないが、高橋の鼻が折れたのではないかと思うぐらいのパンチだった。鼻血をだらだらに流し、「稽古場集合！」と言って、バスを飛び出して行った。運転手は会社に連絡して、違う運転手と交代した。明恵はもうカーテンをめくらなかった。

バスが発車して五分ほどした頃、バスが突然停まった。運転席の方を見ると頭を抱え込んでいた。前の方の客がざわめいている。どうやら事故のようだ。明恵は席を立ちバスの前方まで行くと、フロントガラスの向こうに倒れている高橋がいた。目を見開いたまま道路に仰向けになり完全に死んでいるのがわかった。道路脇で劇団達が「立ち上がればきっと明恵さん戻ってきます！頑張れ！」と高橋の考えた台詞を叫び続けていた。

04

売り子

雪を切り裂いて走る新幹線の中、渡辺伸二は疲れ切っていた。福岡での商談を終え東京行きの最終の新幹線に何とか間に合った。先にトイレで用を足し席に座った。商談は上手くいき心地よい疲れ具合だった。最終という事もあり乗客はまばらだった。岡山を過ぎた頃、「お弁当にお茶、ホットコーヒーはいかがですかぁ～」後方から聞こえてくる女性の声にニヤニヤしていた。ビールでも飲もうと考えていたからだ。売り子の声が隣に来た時「ビール一つ下さい」「……」売り子がポカンとしている。「ビールを一つ」と言い直す。「ご覧のとおり何もございませんが」ワゴンに目をやると商品が何も乗っていなかった。「お弁当にお茶、ホットコーヒーはいかがですかぁ～」と言いながら売り子は行ってしまった。渡辺伸二は遠ざかっていく売り子の背中を見ながら考えた。何もないのにワゴンを押しながら、弁当だのコーヒーを勧めている。たまたま誰かが大量買いしてなくなったのか？　だとしたら何も言わずに通り過ぎればいい。どういう事だと考えていた。

渡辺伸二は夢を見ていた。会社の社長になっていた。会議で社員たちに土下座をさせるという爽快な夢だった。

「お弁当にお茶、コーヒーはいかがですかぁ～」パッと目を開けた。前方から先ほどの売り子がワゴンを押してやって来ている。ワゴンには何も乗っていない。目が合った。売り子はニコリと微笑んだ。売り子に話し掛けた。「ちょっとすいません、何で商品何もないのに、行ったり来たりしてるんですか?」「売り子ですから」明るく言った。「いや、だから……」「お弁当にお茶、コーヒーはいかがですかぁ～」また行ってしまった。

目は覚めていた。腕組みをしながら考え込んでいる。大阪を過ぎ雪は雨に変わっていた。渡辺伸二は突然膝をポンと叩いた。分かった!　いじめだ!　あの売り子はほかの売り子にいじめられていて、あんな状況にさせられているんだ。そうに違いない。かわいそうに。女同士はえげつないからな。

渡辺伸二はまた夢を見た。女しか居ない島で女たちが渡辺伸二を奪い合うというハートフルな夢だった。

「お弁当にお茶、コーヒーはいかがですかぁ～」ゆっくりと目を開ける。後ろから近付いてくる。後ろをチラリと見るとやはりワゴンには何もない。しかし渡辺伸二は赤の他人のいじめに首を突っ込むほど熱い男ではない。やり過ごそうとすると、売り子が話し掛けてきた。「お客様先ほど、ビールをご注文されましたよね」「あ、はい」「ご覧のとおり何もございません」「はあ」「お弁当にお茶、」「ちょっと待ってください。あの～何というか、その～頑張ってください」売り子はうっすら笑みを浮かべている。渡辺伸二はうなずきながら力強い笑みを浮かべた。「ありがとうございます。頑張っていっぱい売りたいと思います。よかったら何か買ってくださいね」「いや、買ってくださいって……」「お弁当にお茶、コーヒーはいかがですかぁ～」今までで一番大きな声を出しながら去っていった。

渡辺伸二はゾッとしていた。明らかに言わされてるのではなく、本人が本心で話していると察したからだ。売り子に一点の曇りも感じられなかった。もう関わりたくないと思い東京まで眠る事にした。しかしまったく眠れない。無理やり目を閉じて夢を見た。自宅の押入れに100億円入っていて一般市民を見下しながら生活するという健全な夢だった。

「お弁当にお茶、コーヒーはいかがですかぁ～」また来た。もう目を開けなかった。ワゴンが横を通過した時「すいません、あったかいお茶を下さい」と声が聞こえた。渡辺伸二の二つ後ろの座席のおじいさんが売り子に話し掛けたのだ。「何もねえよジジイ」と心の中で思った。「お茶ですね～ 200円です」渡辺伸二はバッと立ちバッと後ろを見た。お茶を片手にお金を払うおじいさんが居た。「売りもんあるじゃないですか」と売り子に少し強めに言った。「はい、補充してまいりましたので、何かご注文あればおっしゃってください」「じゃあビール」「ご覧のとおり何もございません。お弁当にお茶、」「ふざけんな!」と売り子に詰め寄ろうとした時、右手の甲に激痛が走った。お茶を買ったおじいさんにつえで叩かれたのだ。「女性に対して何ですかあなたは。相手なら私がしますよ」「いえ、すいません」とすごすご自分の席へ戻った。座りながらチラリと後ろを見ると売り子が震えていた。それがまた余計に腹立たしかった。叩かれた右手をさすりながら車内の電光掲示板を見ると次は終点東京という文字があった。あと少しだ。今日は家の近所のなじみの居酒屋で飲んで帰ろうと決めた。東京駅に着きホームを歩きながら何気なく新幹線の中を見ると、あの売り子がワゴンを押している姿があった。次の瞬間、渡辺伸二はこれでもかと眉間にシワを寄せた。声は聞こえないが明らかに口の動きが「お弁当にお茶、コーヒーはいかがですかぁ~」と言っていた。終点に着いて客も居ないのにだ。渡辺伸二は恐怖に襲われていた。売り子のスピードに合わせてホームを歩きながらついて行った。売り子が気付いてこちらを向いて中指を立てた。全身の血管が切れたように激怒した。新幹線の窓ガラスを思い切り殴ろうとした。しかし、そこには新幹線などなかったし、そこは、東京駅ではなく名古屋駅だった。渡辺伸二は線路に頭から転落して打ち所が悪かったのか死んでしまった。

線路には福岡で仕入れた大量の覚醒剤と新幹線のトイレで使った注射器が入ったバッグがあった。

強盗参観

高梨軍団はリーダーの高梨を中心とした強盗団だ。結成して5年、関東の銀行を中心に襲っている。強盗団には三十人ほどが属している。今日は高梨と五人の軍団員で山梨県の銀行を襲う予定だ。五人は1年目の若手でまだ経験が浅い。

都内から山梨へ向かう薄汚れた白いライトバン。祐也は落ち着きなく爪をかんでいた。現場に行くのは五回目だが、今までの中で一番緊張していた。助手席に座っているリーダーの高梨が後ろを向いて祐也に言った。「お前覆面かぶんの早えから」緊張のあまり車内で顔を隠す黒い覆面を着けていた。「すいません」と言って取った。同期の四人がクスクス笑う。祐也は思った。お前らは緊張しないのかと。今日は強盗参観だぞと。

強盗参観には親が見にくる。強盗としての成長を見せるために高梨が年に一回実施している。祐也の母親も見にくる予定だ。母親の前で良いところを見せたい、恥をかかせたくないと考えていた。大人になっても親にはほめられたいものだ。高梨が「おい、何でお前革靴で来たんだ」祐也に言った。強盗なら動きやすいスニーカーが基本だ。緊張のせいなのか革靴を履いてきてしまった。「すいません」「お前参観日だからってかしこまってきたのか?」とちゃかすように言うと車内は笑いに包まれた。

目的の銀行の前にライトバンが着いた。5分後に襲撃予定だ。後ろに品川ナンバーのベンツが停まった。祐也の母親の車だ。周りを見る余裕もなく母親の車には気付かなかった。

高梨が覆面をかぶり「行くぞ」と言うと覆面をかぶった祐也たちも車から一斉に降りる。先頭で銀行に入る。その後ろに祐也たち、その少し離れた後ろに覆面をかぶった四人の母親。高梨が銀行のカウンターに乗り、叫んだ「金を出せ。変なまねすると殺すぞ」

同期の一人が誰も逃げられないように入口に立ち、ほかの二人はカウンター内に入り銀行員を銃で脅して一か所に集める。祐也は銀行の客を脅しながらカウンターの中の銀行員と同じ場所に連れていく。「早く歩け!」祐也は客の老婆の腰の辺りを蹴った。入口横の観葉植物の前に立っている母親の方を見た。覆面越しだが微笑んでいるのが分かった。

銀行員八人、客四人がカウンターの中に集められた。その間高梨があらかじめ用意しておいたバッグを出し、金を詰めさせている。「てめえら下手なまねすんなよ!」人質に銃を向けながら祐也が威勢よく言った。いつもはもっとボソボソと言うセリフだ。チラッと母親を見ると音のしない拍手を三回していた。

外でパトカーのサイレンが聞こえた。銀行に居た客の一人が見つからぬように携帯電話で知人にLINEして通報してもらったのだった。祐也のミスだった。携帯電話は必ず取り上げておかなければならない。銀行の外にサイレンの音が集まってくる。軍団員と母親たちは動揺を隠せない。泣いている母親も居る。軍団員の一人は混乱して壁に飾ってある風景画に発砲した。「おい、落ち着け!」高梨の覆面の中は顔色一つ変わっていなかった。プロ中のプロだ。普通警察に囲まれたらほとんどが終わりだ。しかし過去に銀行で警察に三度囲まれ、三度とも逃げ切った。しかも金を奪って素性もバレていない。

高梨は銀行員にシャッターを全て下ろすよう命令した。古いのかキーキーと不快な音を鳴らしながらゆっくりとシャッターが閉まった。外からはまったく見えない状況になった。高梨が「長丁場になる。人質全員縛り上げろ」と言うと、あらかじめ用意していたロープで十二人の人質の手足を縛り上げた。「ちゃんとチェックしとけよ。客の兄ちゃんが持ってたぞ」と高梨が祐也にスマホを渡した。祐也は「てめえがチクッたんだろ！ この野郎！」とスマホを持っていたであろう若者に銃を向けた。「違う。こっちの兄ちゃんのスマホだ。つーかやめとけ」高梨に制止された。祐也は怒りと恥ずかしさで母親の方を見る事はできなかった。

高梨は裏口と銀行員用のトイレの窓に一人ずつ若手を立たせた。高梨と若手二人は人質の居るカウンターの中だ。一つの電話が鳴った。高梨は初老の銀行員に電話を取らせた。人質の数は十二人、逃走用の車の用意、人質を10分に一人ずつ殺す事を初老の男性に耳打ちした。

祐也はトイレの人が一人通れるぐらいの小窓に黒い布を貼り、そこに立っていた。そこへ祐也の母親がやってきた。覆面を取りながら「高梨さんに言ってトイレに来たんだけど、祐也、お母さんだけこの窓から逃がしてちょうだい」と言った。正直、祐也はどうしていいか分からなかった。「ちょっと高梨さんに聞いてくるよ」「あんたのミスでこうなってんでしょ？ 逃がしなさいよ」「だから……」「もう行くわよ」母親は黒い布を剥ぎ小窓を開けた。「やめろよ！」小窓を閉め、腰をつかみ押さえた。「離しなさい！　警察の人！　助けてーここに居ます！　助けてー！」鈍い銃声と共に倒れた。「お母さんが悪いんだよ」撃ったのは祐也だった。「お前何してんだよ」高梨が来た。母親の死体を見ながら高梨に言った。「オレやっちゃいました、高梨さんオレやっちゃいました」真剣な表情で祐也を見ている。大声で泣き叫びたいのをこらえながら「母親が逃がせ逃がせって言うから……オレ、テンパって……だからオレ……」言葉に詰まり大粒の涙がバラバラと出てきた。そんな祐也を見て高梨は言った。

「別に逃がしてもよかったよ」

ラーメン屋

僕はラーメン屋で修業している。修業を始めてもうすぐ1年が経つ。店は上野にあって昼時には行列ができる人気店だ。塩ラーメン専門店でヘルシー志向の女性客も多い。

僕の仕事はこうだ。いつもカウンターの端で折り紙を出し、鶴を折る。出来上がったラーメンに折った鶴をのせる。毎回、大将が鶴の羽根をつまみポイっと捨てる。悔しい。床に落ちた鶴を拾って何がダメだったのか反省する。今まで一度も僕の鶴はお客さんに出された事がない。

面接の時、大将に聞かれた。「どんなラーメンが好きなんだ」と。「僕はラーメンよりも折り鶴が大好きです」と大きな声で答えた。大将は「じゃあ雇ってやるから折り鶴で勝負してみろ」と言ってくれた。あれからもうすぐ1年、僕は自信を失いかけていた。自分の鶴は違うんじゃないか、折る才能がないんじゃないかと考えていた。

大将は仕事の時は厳しいけれど、それ以外は優しかった。仕事が終わって、僕がダメだった鶴をゴミ箱に捨てていると、「諦めんなよ」と言ってくれた。ほかの店員たちもよく励ましてくれた。

ある日、大将がインフルエンザで店を休む事になった。僕が店に入ってから大将が休むなんて初めての事だった。僕を含めた店員五人で頑張ってくれとの事だ。ほかの店員はテンパっていたが僕はチャンスだと思った。僕は副店長の山本さんが作ったラーメンにすかさず鶴をのせた。山本さんは「うーん、まあ、分かんないけど、いいんじゃない?」と言った。僕はうれしくて普段は運ばないが、そのラーメンをお客さんに持っていった。

「何すかこれ?」大学生ぐらいの若者が鶴を指して言った。僕は「鶴です!」と、とびっきりの笑顔で言った。「はあ」と言って若者はつまんでどんぶりの外に捨てた。僕はただ、きれいですねと言ってほしいのだ。ただただ鶴をほめてほしいだけだった。僕がカウンターに戻り泣きそうになっていると山本さんが「気にすんな。若いやつには良さなんて分かんねえから」と言ってくれた。僕はそれを聞いてますます泣きそうになった。

次の日、大将が僕に「昨日出したんだって?」と言ってきた。僕は「でも全然ダメでした」と答えた。大将はしばらく黙って「頑張れよ」と言った。その日も僕の鶴は大将にはじかれた。店が終わった帰り道、僕はハッと思った。もう少し鶴の首の部分を大きく折って顔を大きくしてみた方がインパクトが強いと。

僕はインフルエンザになった。ほかの店員もインフルエンザになったとの事だった。大将のインフルエンザが全員にうつった。僕が店を休んで部屋で寝込んでいると大将から電話がきた。「助けてくれ。さすがに昼時に一人はきつい。頼む。もうお前しかいないんだ」と言われた。こいつ何で一人で営業してんだよと思ったが、お前しかいないと言われたのがうれしくて、急いでフラフラになりながら出勤した。店に着くと、満員で外にも十人ほど並んでいた。僕は慌てて前掛けを締め、ポケットから折り紙を出した。折り紙を一枚取り気合いを入れて折ろうとした時大将が「そんなのいいからできたラーメン運べ」と言った。僕はショックだった。作ろうとした鶴にそんなのいいからと言われたのだ。客席の所々から「ラーメンまだですか?」と聞こえてきた。僕はとりあえずラーメンを運び、慣れないレジ打ちをした。たくさん間違えたけど、何とか昼の混雑を乗り切った。大将が「熱あんのにありがとな。本当助かったわ」僕は「そんなのいいからってどういう事ですか!」と大将の胸ぐらをつかんでいた。「関係ねえから。ラーメンに折り紙関係ねえから!」と僕の腕をつかんで振り払った。僕は衝撃を受けた。大好きな折り鶴が関係ない訳がないと思ったからだ。「首をもっと深く折ればもっとよくなるはずなんですよ!」と前日の夜、家で作った鶴を大将に見せた。大将は泣きながら「ごめんな。本当はどうでもいいんだ」と言った。僕はまったく理解できなかった。「お前の母親に頼まれたんだ。給料は出さなくていいです。逆に月に二十万円差し上げますのでうちの子を雇ってくださいって言われたんだよ」

僕はお母さんに電話した。「お母さんが僕の鶴は上手だからどこに出しても恥ずかしくないって言ってくれたよね? うそじゃん! ラーメン屋さんじゃ関係ないんだってよ!」お母さんは黙ったままだった。大将が僕の携帯を取り上げて電話を切った。大将は明日からも店に来てくれと言ったけど僕はもう来るつもりはなかった。お母さんも大将もほかの店員も何で今まで本当の事を言ってくれなかったのだろう。そんな優しさなんか傷付くだけだ。僕はラーメン屋で一生懸命鶴を折っていた自分を思い出してすごく恥ずかしい気分になった。どんな時でも営業する大将がその日は途中で店を閉めた。僕は自分のロッカーにあった大量の折り紙をゴミ袋に入れた。そして僕が店を出ようとするとお母さんが来た。お母さんは大将としばらくの間話をしていた。何の話かは分からない。僕は聞きたくなかった。話し終えたお母さんが僕の所へ来て「頑張ったね。お家帰ったらお母さんにまた鶴見せてね」と言ってきた。僕はロッカーの中から、ずっと前から作っていた拳より少し大きい鉄を削った鶴でお母さんの頭を殴った。慌てて止めにきた大将の頭も殴った。二人とも頭から血を流して倒れた。死んだのか死んでいないのかは気にならなかった。僕はその時ひらめいた。ゴミ袋から折り紙を取り出して鶴を折った。

二人の頭から出た血の海に置いてみた。僕の鶴が輝いて見えた。

ゴミクズ

健一郎はスズメのやかましさで目が覚めた。「うるせえな……まだ6時かよ」と言うと布団を頭までかぶりまた眠り始めた。次に目を覚ましたのは午前11時過ぎだった。ボサボサの髪をかきながら、いつものように特に見る訳ではないテレビをつけてタバコを吸った。安アパートの天井に向かってタバコの煙を吐き出す。携帯が鳴った。ビクッとして携帯を見る。健一郎の彼女、紗弥加からだった。タバコをギューっと吸い、また天井に向かって吐いた。携帯が鳴り終わるのを待った。

紗弥加とは2年前友達に誘われたコンパで知り合った。3つ年上の29歳。銀座の貿易会社で働いている。なぜか健一郎を気に入りいろいろと世話を焼いてくれる。土日になるとアパートへやってきて掃除や洗濯をしてくれる。デートといえば近所の河川敷を散歩して、夕飯の材料をスーパーで買うのがいつものパターンだ。健一郎はいつかは分からないが紗弥加と結婚するんだろうなとうっすらと考えていた。

1分もしないうちにまた紗弥加からの着信音が鳴った。「後でかけ直すよ」と独り言を言い風呂場へ向かった。

健一郎は昨夜人を殺した。向かいのマンションに住む、前から気になっていたOLだ。言葉を交わした事はなく時々見かける程度だった。少し茶色い髪で化粧が濃いめの派手な若い女性だった。昨夜11時頃コンビニに行く途中に、駅の方から歩いて帰宅するそのOLとすれ違った。少し酔っているようだった。健一郎の胸が高まった。辺りを見渡すと通行人は居なかった。いつも持ち歩いているバタフライナイフをポケットから出し、ゆっくり背後から近付いた。左手で首を絞め上げる形で持ち、右手に持ったナイフを首に突き付け「声出したら首を刺すからな」ＯＬは声にならない悲鳴を上げ身体を硬直させていた。すぐそばの河川敷にある橋の下へ引きずるように連れていった。健一郎はむさぼりつくように犯した。最中さまざまな感情が湧き上がる。オレは何て事をしてるんだ。バレたら終わりだ。この女にも親が居るんだよな。泣いてる。いい胸だな。彼氏居るのかな。近くで見ると思ってたより綺麗じゃないな。あー気持ちいい。健一郎は事が済み、放心状態で横になっているＯＬを見ながらスエットのズボンを上げた、その時ＯＬの携帯が鳴った。ＯＬはバッグの中にある携帯を必死で探していた。これはヤバい……と思った瞬間、健一郎は顔面を思い切り蹴り上げた。「いっ！！！っっっっっ」と聞いた事もないような声を上げてバタリと仰向けに倒れた。健一郎はグッタリするＯＬに馬乗りになり首を絞めた。「何してんだよ！　おい！　何してんだって言ってんだよブスが！」力の限り首を絞め続けた。ＯＬは最初の蹴りで死んでいた。

健一郎は浴槽にあるＯＬの死体を見ながら処分の仕方を考えていた。普通に山に埋めるか海に沈めるか？　それとも切り刻んで少しずつ捨てるか？　焼くか？　このままじゃ風呂も入れないな。健一郎は「面倒くせえな」とボソっと呟くと居間に戻った。スエットの上下を脱ぎ先週ユニクロで盗んだジーンズに履き替えTシャツの上にネルシャツを羽織った。建て付けの悪い扉を開け外に出た。向かいのマンションに目をやるといつもとまったく違わない様子だった。そして駅前にあるパチンコ屋へ歩きだした。健一郎は週のうち四、五回はパチンコ屋へ行っている。紗弥加が来る土日は行けないので、もし紗弥加が居なければ毎日通うほどのギャンブル狂だ。健一郎のアパートから駅までは徒歩15分ほどである。道中、柏木のアパートの前を通る。柏木は同い年のパチンコ仲間で5年ほど前からパチンコ屋で毎日顔を合わせているうちに仲良くなった健一郎の唯一の友だちだ。会うとほとんどがパチンコの話ばかりだが気が合った。2年前、紗弥加と出会ったコンパを開いてくれたのも柏木だった。

珍しくアパートの前に柏木の自転車が停まっている。昼時のこの時間ならいつも柏木の自転車はパチンコ屋の駐輪場だ。健一郎はまだ寝ているのではないかと思い部屋を訪ねてみる事にした。ほとんど白い塗装が剥げ錆びた階段を上がり、部屋の呼び鈴を押そうとした。しかし部屋の中から女の声が聞こえたので呼び鈴を押す手を下ろした。柏木のやつ彼女でもできたのかと思い、健一郎は扉の横にある台所の小窓から部屋をのぞいてみた。女とセックスしている柏木が見えた。女は紗弥加だった。健一郎は胸の奥をハンマーで殴られたような衝撃を受けた。走って柏木のアパートを後にした。目からは涙が流れていたが、勃起もしていた。頭と胸の中がグチャグチャになっていた。

紗弥加は柏木に無理矢理抱かれていた。駅から健一郎の家へ向かう途中、偶然柏木に会った。柏木は昔から紗弥加が好きだった。もちろん健一郎には言っていない。好きな女の子ができたので相談があると言い少し強引に紗弥加を自分の部屋に誘った。健一郎と一緒に数回柏木の部屋に遊びにきた事がある。一人で入るのは初めてだ。もし何かあったら怖いと思い、トイレの中から健一郎に何度か電話をかけたが出なかった。トイレから出ると柏木にバタフライナイフを突き付けられ、そのまま犯されたのだった。

健一郎はホームセンターで購入したナタを持って柏木のアパートに向かっていた。よく晴れた春風が心地よい土曜日だった。

電話

泰彦は悩んでいた。ベッドの上に腰掛けてため息ばかりついている。仕事を始めて3年、なかなか上手くいかない。好きで始めた仕事なので辞める気はないが日に日に自信がなくなっている。今日も夕方から仕事なのだが、また失敗して上司に怒られるだろう。大きなため息をついた。そして「電話してみるか」と覚悟を決めたようにスマホとチラシを手に取った。チラシは数日前に宅配ピザ屋や引越し屋のものに混ざって自宅のポストに入っていたものだ。

〝殺し屋専用お悩み電話相談室〟

このチラシを見た時、殺し屋が電話で相談するなど恥ずかしい事だと考えていた。しかしもうそんな悠長な事も言っていられない。殺し屋になって3年、一度もターゲットを殺していない。誤射で無関係の人を二人殺している。恐る恐るチラシに書いてある電話番号にかけてみる。「えーと……×××－5648－7867（ころしや、なやむな）泰彦は緊張のせいかこの語呂合わせには気付かなかった。明るい若そうな感じの女性が電話に出た。

「はい、もしもしこちら殺し屋専用お悩み電話相談室です」

「あの～、そ、相談をしたいんですけど」

「その前に殺し屋コードをお願いします」

「え？　コード言うんですか？」

「ええ、いたずらの可能性もありますので」

「そうですか。え～と××××です」

「××××ですね。少々お待ちください」

「いや最後××です」

「失礼しました。少々お待ちください」

泰彦は匿名ではなかったので電話をかけた事を少し後悔した。未来予想図のオルゴールの音でしばらく待たされた。

「お待たせしました。遠藤泰彦様でしょうか？」

「はいそうです」

「それでは遠藤様、お悩みをお願いします」

泰彦はこの若そうな女が殺し屋のアドバイスなんかできるのかと思ったが、言わない事には話が進まない。

「なかなかターゲットを殺せなくて悩んでるんです」

「あーそうなんですか、どれぐらいの頻度で失敗してるんですか」

「えー三回に一回ぐらいですかね……」

泰彦はうそをついた。３年間で五十回ほどチャレンジして一回も成功してないとは恥ずかしくて言えなかった。電話の向こう側でパソコンを叩く音がした。

「遠藤様、失礼ですがまだ成功された事がないようですけども」

そんな事まで分かるのかと、電話を切りたかったが身元がバレている以上それはできなかった。

「実はそうなんです。すいません、何か恥ずかしくて見え張っちゃいました」

泰彦は薄ら笑いを浮かべながら正直に言った。

「そうでしたか。遠藤様、銃の腕前はいかほどでしょうか？」

「自分で言うのもあれなんですけど、かなり上手い方だと思います」

実際に泰彦は会社での訓練では銃の命中率は三十人の殺し屋の中でもトップクラスだった。

「なるほど。もしかすると失敗する原因は気持ち的な事かもしれませんね」

「気持ちですか？」

泰彦は気付いていなかったが、毎回ターゲットを撃つ時、一瞬だが躊躇（ちゅうちょ）する。

その一瞬の躊躇はコンマ何秒の躊躇だ。殺し屋に憧れてこの世界に入ったが根は優しい性格だ。

その優しさが、その一瞬を逃していたのだった。

「ええ、気持ちです。人を殺すのは悪い事だと思いますか？」

「そりゃ悪い事ですけど、仕事ですから」

「遠藤様と先ほどからお話しさせていただいて、私気付いている事があるんですけども」

「何ですか」

「遠藤様は殺し屋に向いてませんね。ほかのお仕事をお勧め致します」

泰彦は怒った。

「はあ？　悩み相談室だろ！　悩み解決しろよ！」

「ですから、殺し屋を辞めた方がいいかと思います」

「ふざけんなよ！　ばか！」

泰彦は怒鳴って電話を切った。チラシをくしゃくしゃに丸めてゴミ箱の中に叩きつけたが入らなかった。ベッドに腰掛け貧乏揺すりをしていると、部屋のドアが開く音がした。「泰彦入るよ」と母親が入ってきた。

「誰かと電話してたの？　大きな声出してたけど」

「お母さんには関係ないよ」

「仕事で何かあった？」

「何もないよ。大丈夫だよ」

「そっか。父さんね、最近、泰彦の事応援してるんだよ」と言って泰彦の母親は部屋を出ていった。泰彦の父親は小学校の教師だ。泰彦が大学を出て殺し屋になると言いだした時には猛反対した。しかし泰彦の熱意に押され殺し屋になる事を渋々承諾したのだった。

泰彦は電車で新宿に向かっていた。肩に担いだ大きなボストンバッグの中にはライフルが入っていた。今日のターゲットは中小企業の社長だ。あらかじめ指定されたビルの屋上へ行く。屋上の扉に鍵が掛かっていたが、豪快に蹴り飛ばして扉を開けた。屋上で腹ばいになりターゲットを待った。心の中で絶対に殺（や）ると何度も繰り返した。殺ってあの電話の女を見返してやろうと思った。

ホテルの前にターゲットの車が停まった。ライフルを構える。車から降りてホテルに入る5秒ほどが勝負だ。今だ！　やはりコンマ何秒か躊躇した。銃弾は床をはじいた。ターゲットは走ってホテルの中へ消えていった。

泰彦は初めて自分の躊躇に気付いた。どうしようもない虚無感が襲ってきた。自分のやりたかった仕事に自分が向いていなかったのだ。あの女の言う通りだった。

もう死のうと思った。生きていてもこれからの人生後悔しかない。自分を殺してしまおうと考えた。長いライフルの銃口を口に入れ、一瞬躊躇したが引き金を引いた。

泰彦が初めてターゲットを仕留めた瞬間だった。

引っ越し

美紀がこの部屋から居なくなってちょうど1週間。オレもこの部屋から引っ越す事にした。二人で払っていた家賃をこれから一人で払うのも経済的にきつかったし、何よりこの部屋で3年過ごした思い出の場所に一人で居る事がきつかった。オレにとって初めての彼女だった。バイト先のファーストフード店で知り合った。色白で細くて守ってあげたくなるような女の子というのが第一印象だった。そんなに話した事はなかったが、ある時思い切って食事に誘ったらすんなりOKしてくれた。それから頻繁に食事に行くようになり、オレの方から告白して付き合った。付き合って半年ほどで、この部屋で同棲を始めた。

美紀が花瓶に挿した何の花か分からない花を眺めているとチャイムが鳴った。「望月引っ越しセンターでーす」今日は引っ越し屋が見積もりに来る日だった。玄関の扉を開けると40代半ばぐらいの小太りの男が立っていた。引っ越し屋を部屋の中へ招き入れ「よかったらどうぞ」と缶コーヒーをテーブルの上に置いた。「すいません、いただきます。では早速見積もりの方をしていきましょうか」「お願いします」「だいたい全部持っていかれます?」「いえ、ほとんど捨てていこうと思います」オレは美紀を忘れたかった。「そうですか。捨てていかれるものはこちらで処分させていただきますね」「はい、一応持っていくものと持っていかないものを書いておきました」

○持っていくもの

・美紀と初めて結ばれた日

・僕が美紀の誕生日サプライズをしたら美紀が泣いて喜んだ
・美紀がクリスマスに僕が欲しかった腕時計をくれた
・初めて二人で年を越した
・よく一緒にお風呂に入っていた
・くだらない事でよく二人で笑っていた
・美紀が作るハンバーグがいつもおいしかった
・美紀が酒に酔ってトイレで寝ていた
・二人で買った青い歯ブラシと緑の歯ブラシを一か月ぐらい二人とも青い歯ブラシを使っていた
・美紀がホラー映画を見てその夜一人でトイレに行けなかった
・部屋にゴキブリが出て二人で大騒ぎして隣の住人から苦情がきた
・美紀に髪の毛を切ってもらってヘンテコな髪型になった
・美紀がいつも部屋に花を飾っていた事

望月引っ越しセンターは部屋での思い出を運んでくれる。オレは忘れたかったが、書き出してみると美紀との思い出があふれてきた。本当はもっともっと多く持っていきたかったが、後からつらくなりそうなので、これぐらいにしておいた。「こちらを持っていかれるんですね」「はい」「えーじゃあ持っていかないのは……」

○持っていかないもの

・美紀がご飯をクチャクチャ音を立てて食べる
・美紀はイライラすると物に当たる。携帯を投げて壊した。パソコンを叩いて壊した
・美紀が酔って僕も知っているバイト先の店長と付き合っていた事を話した
・美紀が昔風俗で働いていた事を聞く
・美紀が世話するという約束で飼ったハムスターを餓死させた
・美紀がリストカット
・美紀が幼い頃父親にDVを受けていた事を聞く
・夜中にコンビニに行ってくると言って1時間ぐらい帰ってこない
・美紀がしょっちゅう朝帰りするようになる
・美紀が寝た後に携帯を見ると僕以外五人の男と付き合っている事を知る
・そのほかにも出会い系サイトでも多くの男と遊んでいた
・つらすぎて美紀に別れ話をする
・美紀が泣いて捨てないでと足にすがりついてきた
・オレ以外にも男がいる事を知ってると言うと携帯を見た事に逆上してなぜか警察を呼ぶ

・美紀ともう一度ちゃんと付き合おうと約束したが、しばらくすると前にも増して朝帰りが増えた
・具合が悪くなりバイトを早退して家に帰ると美紀が二人の男とセックスしていた
・男二人がそそくさと部屋を出ていった後、美紀を包丁でメッタ刺しにして殺した

「なるほど、分かりました。持っていくものは強く記憶に残し、持っていかないものは本当にお客様の記憶から消えてしまいますが、よろしいですか?」「はい。あのーこの紙に書いた事以外の記憶はどうなるんですか?」「書いていない思い出は大した思い出ではないので時間が経てば忘れるでしょう。何か書き忘れた思い出はありますか?」「えーと、持っていくもので、美紀の笑顔を全部お願いします」

そして引っ越し当日、オレは望月引っ越しセンターの人から頭に注射のようなものを二本打たれた。「2、3日頭がズキズキすると思いますが、その後はもう、思い出はお客様のお望みどおりになりますので」

注射を打たれて2日目。美紀を殺した事で気が狂いそうになるが、もうすぐ美紀とのきれいな思い出しか残らない。

準決勝

今日はいよいよ高校野球県大会の準決勝だ。三年生のオレにとっては最後の夏。チームは一回戦からコールドゲームで勝ち上がってきた。一試合ごとに勢いがついてきてチーム内のムードもいい。オレの打撃の調子も上向きだ。朝起きてから準決勝の事しか考えられなかった。自宅を出て球場まで来たのだが、朝何を食べたのかも覚えていないし、道中の記憶もほとんどない。それほど準決勝に集中していた。道行く人が、「今日こいつ準決勝だな」というのが分かるぐらいの顔をしていたと思う。現にさっきトイレの鏡で自分の顔を見たら準決勝の顔をしていた。一回戦でも二回戦でも三回戦でもなく準決勝の顔だった。試合前にロッカールームでミーティングをしていたのだが、少し気になる事があった。セカンドの山田とセンターの川口が二回戦の顔をしていたからだ。チームはこれから準決勝に挑むというのに何で二回戦の顔をしているんだ。オレはミーティングが終わってから山田と川口を呼び止めて話をした。どうやら対戦相手をナメているらしい。対戦相手の高校はエースがけがをして今日は二番手のピッチャーが投げる予定だったので、すっかり油断していたのだった。オレは「お前らそんな気持ちで挑んで負けたら死ぬまで後悔するからな！　気合い入れろよ！」と言って山田と川口の顔面をブン殴った。二人はそれで目が覚めたのか、すっかり準決勝の顔になっていた。それを見ていたレフトの岡田が「長谷部（オレ）の言うとおりだ。今日勝ったらいよいよ決勝なんだぞ！」と言った。山田と川口は「ああ！　気合い入ったわ」「今日絶対勝とうな！」と言ってロッカールームを出ていった。オレが岡田に「今日勝つ事だけに集中しような」と言ったその時、オレは愕然とした。岡田が決勝の顔をしていたのだ。準決勝なのに決勝を見ていた。決勝の顔は決勝の時だけすればいいのだ。岡田は「次勝ったら甲子園だな」と遠い目で言った。すかさずオレは岡田の顔面をブン殴った。「どこ見てんだてめえは！　今を見ろよ！　足元すくわれんぞ！」尻もちをついた岡田は「そうだよな。今日勝たなきゃ決勝にも行けないんだもんな。悪かったな」と準決勝の顔に変化していた。オレと岡田はがっちりと握手をして今日勝つ事を誓った。これでチーム全員が準決勝の顔になった。チームが一つになったのだ。

両チームがグラウンドの中央に整列した。オレは相手チームの選手の顔を見た。一回戦の顔や準々決勝の顔や決勝の顔などいろいろな顔をしていて、準決勝の顔をしているのは三人しか居なかった。この時はオレは勝てると確信した。試合開始のサイレンが鳴った。うちが表の攻撃で一番バッターはショートのオレだ。相手のピッチャーは予想通り、背番号10番を付けた二番手ピッチャーだった。しかも決勝の顔をしている。ばかが、準決勝だぞ準決勝。サイレンが鳴り終わらないうちに最初の球がきた。アウトコースのストレートのボール球だったのでオレは見逃した。「ストライク！」「え？」オレは主審の顔を見た。主審は練習試合の顔をしていた。うそだろ。一回戦や二回戦ならまだしも準決勝で練習試合の顔をしていたのだ。もしやと思い一塁と三塁の審判を見ると、これまた練習試合の顔をしていた。完全にナメている。結局オレは微妙な判定で見逃し三振に倒れた。二番、三番も明らかにボールだと分かる球を何度かストライクと判定され三振に倒れ、三者凡退に終わった。

一回の裏、相手チームの攻撃。点を取れないなら与えなければいい。うちのエース岩崎は、プロのスカウトが見にくるほどの右の本格派だ。噂だが今日の試合にメジャーのスカウトも来ているらしい。簡単には点は取られるはずがない。一球目。キャッチャーがまったく捕れないほどの大暴投。その後もまったくストライクが入らずストレートのフォアボール。ショートのオレは声をかけようとマウンドに駆け寄ると岩崎の顔は甲子園決勝の顔をしていた。県大会決勝ではなく甲子園決勝の顔だ。「オレは甲子園で優勝してメジャーに行くんだ!」「今県大会の準決勝だぞ!」オレは岩崎の顔面をブン殴ろうとしたが試合中なのでこらえた。その後も岩崎は制球が定まらず一回の裏に3点を失った。

ベンチに戻ると岩崎がオレに「三塁側の応援席見てみろよ。グラサンかけた外人が座ってんだろ。あのムキムキの白人。あれ多分メジャーのスカウトだ」と言ってきたので三塁側の応援席の外国人を見てみると観光の顔をした外国人が座っていた。「あれただの観光の外人だよ」「そんな訳ねえだろ!」「お前ら何ごちゃごちゃ言ってんだ!」と監督に怒鳴られた。オレが監督に事情を話すと監督も三塁側の応援席を見た。しばらく監督が何も言わないので監督の顔を見てみるとホモの顔になっていた。「監督?」「そんな事はいいから試合に集中しろ!」とホモの顔で言った。

二回の表も三者凡退に終わり、裏にまた3点を取られた。ベンチに戻ると少し諦めムードが漂っていた。監督はまだホモの顔をしていたし、試合前にブン殴った山田はゲーセンの顔、川口は晩ご飯の顔をしていた。これでは負けてしまうと思いオレはみんなで円陣を組もうと言った。円陣を組んでみんなで声を出すと監督以外全員が準決勝の顔になった。ピッチャーの岩崎も立ち直り三回以降は無失点に抑え、4点を返し、4対6で迎えた七回表の攻撃、ノーアウトランナー二塁・三塁のチャンスでバッターはオレ。ホモの顔をした監督の送りバントのサインを無視してオレは長打を狙った。球を思い切り振り抜いた。白球は左中間スタンドに飛び込んだ。逆転スリーランホームラン！　オレはグラウンドを周りながらベンチに向かってガッツポーズをした。ホームインしてベンチに戻ると監督に「まあ結果オーライだな」と言われたが無視してチームメートとハイタッチを交わした。試合はそのまま7対6で勝利した。試合後はみんなもう決勝の顔になっていた。そしてロッカールームに父親が亡くなった顔をした母親と浮気をした顔の彼女が祝福に来た。

11

電車

毎日のように電車に乗っている。仕事を終え、今も……。会社から走って最終に何とか間に合った。都会では多くの人が電車に乗っているが自分を含め、目の死んでいる人が多い。たくさんの目が死んでいる人が電車に揺られているのを見るのは怖い。ダミー人形みたいだ。もしかしたらこの人形を乗せた電車は衝突実験でどこかにぶつかるのかもしれない。

電車が駅に着いた。僕の降りる駅はまだまだ先だ。目の死んでいる人が五、六人降りていった。反対側のホームには目の死んでいる人たちがきれいに列を作って並んでいる。駅員の目も死んでいる。そして、電車が動きだした。窓に映る目の死んでいる自分の顔を見て気持ちが悪くて吐きそうになる。いつ目が死んだのだろう。最初からか？　そんなはずはない。そう考えているうちにもう次の駅だ。しかし通過してしまった。各駅停車に乗ったつもりが急行に乗ってしまった。ここ最近というか何年もずっと疲れている。毎日同じ事の繰り返し。そりゃ目も死ぬはずだ。

しばらくして、おかしな事に気付いた。さっき停まった駅は急行電車は停まらないはずだ。もしかしたら、急行が停まる駅になったのかもしれない。しかし、この先何十年もこの電車に乗らなければいけないと考えると発狂しそうになる。別に閉所恐怖症ではないがこの空気感がたまらなく嫌なのだ。友達と楽しそうに話している若者も友達が下車して一人になった途端に目が死ぬ。元々死んでいた目を生きてるように見せて、元に戻しただけなのかもしれない。

さらにおかしな事に気付いた。さっき通過した駅は急行が停まる駅だった。そう考えているうちに、また一つ駅を通過した。よく分からなくなってきたので隣に立っている初老のサラリーマンに「この電車って急行ですか?」と声をかけた。初老のサラリーマンはこっちをチラッと見てまた前を向いた。いい歳こいたジジイが無視しやがった。こんなやつに限って会社で出世したりするから恐ろしい。車内アナウンスを聞いて聴覚を疑った。「もう一度繰り返します」というので集中した。「この電車はあと30分ほどで激突致します」車内を見渡すとほかの乗客は目が死んだままで何の動揺もしていない。目の前に座っている20代のOL風の女に「すみません、今この電車激突するって言いましたよね?」スマホをいじっていたOLは何の反応もしなかった。クソブス。下向いてる顔がブスって本当にブスじゃねえか。その時、右の肩をトントンと叩かれた。「ちょっといいですか?」土木作業員のようなおじさんに話しかけられた。「ちょっとこっち来て」と車両の連結部分の方に連れられて「お兄さん知らずにこの電車乗ってんの?」と問われた。意味がわからない。「どういう事ですか?」と聞くと、「これ死にたい人が乗る電車なの。オレ借金がすごくてさ、もうどうしようもなくなっちゃってさ……」こんなおっさんの借金の話なんかどうでもいい。死にたい人が乗る電車って何だ。「僕そんなの知らないですよ! 何すかそれ!」「専用のSuicaで入ったでしょ?」「専用の?」そういえば今日の昼コンビニでSuicaを拾って、そのSuicaで改札を通った。「50万で買ったでしょSuica? 教えてやるよ。この電車は終電の後に出る本当の最終電車だ。この電車は死にたい人が乗る電車で50万で死ねんの。国がやってんだから。まあ一人で死ぬのって怖えじゃん。やっぱり死にたくねえってやつは、さっき一回だけ停車した時に降りてもいい事になってる」。オレは固唾を飲んで「さっきの駅で降りなかったら?」と聞き返すと「気の毒だが」と言っておっさんは首を横に振った。「死ぬって事ですか! ねえ!」「そうだけど、まあ国がやってっから大丈夫だ。痛みもなく一瞬らしいぞ」国がやってるからって大丈夫ではない事だ。オレは日々の生活に疲れてうんざりしていたが死にたくはない。……いや待て。もう終わりにしてもいいのかもしれない。人生何があるか分からないなんて言うが大抵の人間は大して何もない。当然オレにもこの先何もない。それが分かっていたから目が死んだのだろう。この電車に乗っている人たちもみんな。あれ? ちょっと違うかもしれない。よく見るとさっきオレを無視したブスOLが泣いている。泣いてもっとブスになっている。何の涙かは分からない。隣に座っている小汚いオヤジは足の震えを手で必死に抑えている。分かんないけどやっぱりオレは死にたくない。この先何もないかもしれないけど生きたい。つらい事の方が多いけど、たまには楽しい事もあるから生きたい。今までは楽しい事も楽しめなくなっていたのだと思う。見つけようともしてなかった。でも今こういう状況になって分かった。オレはまだ生きなければいけない。窓に映った自分を見たら目が死んでいなかった。でも、もう遅かった……。

12

夜

深夜1時を少し過ぎた頃、閑静な住宅街に一人の泥棒が居た。全身黒ずくめの長谷川という男だ。先ほどから辺りを気にしながら腕時計を見ている。長谷川が舌打ちをした時、耳元で「長谷さん！」と市村が言った。「ばか野郎、でかい声出すんじゃないよ」と腰を抜かしそうになって市村に言った。市村はニコニコしながら頭をかいていた。長谷川の泥棒仲間で少しおっちょこちょいな男だ。

「お前0時集合なのに何でこんなに遅れて来るんだ？」

「長谷さん聞いてください。うんこが止まらなかったんです」

「そんな訳ないだろ」

静かな夜にポンと音がした。長谷川が右手に持っていたメガホンで市村の頭を叩いた。

「そんな事よりお前黒い服で来いって言ったのに何で赤い服で来てんだ？」

「牛が来たら任せてください」

「牛なんか来ねえよ」

長谷川がまたメガホンで市村の頭を叩いた。大袈裟に痛がった。

「まあいい、お前あれ持ってきたか？」

「あれって何ですか？」

「あれだよあれ！」

「あっ！持ってきましたよ」と市村はバッグからシンバルを持った猿のおもちゃを出した。

「スイッチ入れますね」

「何してんだ！」と市村の顔をメガホンで叩き「そんなうるせえの要らねえんだ。軍手だよ軍手。オレたち泥棒だぞ」

「軍手ですか。間違えて孫の手持ってきちゃいました」

「孫の手ね。ちょうど背中がかゆかったんだ……ばか野郎！」孫の手で頭を引っ叩いた。市村は目を真ん中に寄せフラフラしていた。もう一発叩こうとすると、市村が周りを気にしながら
「長谷さん、静かにしてください！」

「どうした？」

市村がカエルを踏んだような屁をこいた。

「いい加減にしろ！」と長谷川がメガホンで市村の頭を叩こうとすると、手でメガホンを振り払った。市村のこういう行為は初めての事だった。一瞬にして気まずい空気が流れた。

初めて見せる真剣な表情だった。長谷川は心配そうに聞いた「どうしたんだよ、お前」

「長谷さん、オレいつまでもばかやってられないです。ばか演じるのも大変なんですよ」

「な、何言ってんだ。お前はばかなんだから余計な事考えんな」

「泥棒すんのにメガホン要らないでしょ。もうさっきみたいなくだりうんざりです。毎回こんな

感じで終わって一回も泥棒した事ないじゃないですか。最初の頃は楽しかったですけどワンパターンで飽きちゃいましたよ」

「いや、でも……」

長谷川は何も言えなかった。まだまだやれると思っていた。ずっとバカだと思っていたのでショックを受けた。

「オレ、来月子ども産まれるんですよ」

市村のプライベートの事は何も知らなかった。子どもが産まれる以前に結婚していた事に驚いた。

「長谷さん、泥棒行くならマジで行きましょうよ」

「え、いやでも本当に盗んじゃ……」

長谷川ははなから泥棒などする気はなかった。昼間は市役所に勤める公務員だ。ただただ泥棒する前のやり取りを楽しみたいだけだった。

「長谷さんしょぼいっすね。じゃあオレ一人で行きますね」と市村は目の前にある豪邸の外壁に手を掛けた。長谷川が「怒られるぞ」と言った時にはもう市村は外壁の向こう側へと消えていた。

長谷川は迷っていた。110番するかどうかだ。迷いながらも携帯電話を開いた。でももし警察を呼んで市村が捕まったとしても、市村に自分も共犯者だと言われたら、まずい事になる。ゆっくりと携帯電話を閉じた時「ギャウ！……」と塀の向こう側から聞こえた。長谷川は恐る恐る背伸びをして豪邸をのぞいてみた。暗くてハッキリとは見えなかったが豪邸の庭で市村が大型犬を金づちで撲殺していた。長谷川は塀から離れ道の反対側のゴミ捨て場にへたり込んだ。震えが止まらなかった。ただのばかだと思っていた人間が他人の家に入って犬を殺したのだ。

しばらくして「長谷さん！」市村が戻ってきた。「もう帰ったかと思いましたよ。何でそんな所座ってんすか？」

「お前、お前……」

「ちょっと長谷さん場所変えましょう。この辺居たら危ないですから」

「お前、い、犬殺しただろ」

「長谷さん、犬だけじゃないですよ」

「……」

長谷川はその場から逃げようとした。しかし腰が抜けてしまっていた。

「ちょっと長谷さん引かないでくださいよ」

這いずりながら逃げ出した。

「長谷さん待ってくださいよ。金、結構盗ってきましたよ。宝石とかもありましたし。二人で分けましょうよ」と市村が長谷川の肩に手を掛けた。

「ひ、人殺しー!!!」

静かな夜にドンと音がした。

13

カニ

高校を卒業してから、毎日海に来ている。小さいカニを見付けては、石やコンクリートに叩きつけて割っている。クシャっとする音がたまらない。小さい生き物とはいえ、命があることは分かっている。でも、それを一瞬にして奪えるのだ。こんなにすごいことはない。

朝から夕方までやっている。「これでお金が儲かればいい」と思うが、残念ながら1円にもならない。これがエスカレートして、「犬や猫を殺してしまうのではないか？」と思った方、それは間違いだ。そこまで頭はおかしくない。そんな奴らとは、一緒にしてほしくない。俺は無類の犬・猫好きだから、そんなことできるわけがない。俺は思うんだ。同じ命とはいえ差があるってことを。命が平等である訳がない。だから、カニは叩きつけていいのだ。こいつ、何を言ってるんだと言われそうだが、世界で初めてカニを叩きつけるプロになりたいと本気で考えている。それなりにコツは掴んだ。力任せに叩きつけるよりも、カニの背中やお腹を叩きつける方が綺麗に飛び散る。わかりやすく言うと、メンコと同じ要領だ。誰にも負けない自信がある。なぜならまだ僕しかやっていないのだから。

あるとき、親に言われた。「お前は毎日、海で何をしているんだ」と。「特に何もしていない」と答えた。だって、まだ言うタイミングじゃないと思うからだ。でも、いつか言える日がきっと来るから。認められる日がきっと来る。「就職しろ」とも言われたけど、僕は今、すごいことをやっているのだからその必要はない。そのうち、みんなが僕のことを羨むだろう。みんなも一度、カニを叩きつけてみるといい。「こんな快感があるのか！」と、衝撃を受けるはずだ。いつか子どもから年寄りまで、浜辺で笑顔で叩き割る日が来てほしい。いや、来ると確信している。最近は、家に練習用のカニを持って帰って、専用のお好み焼きのような平べったい石で叩き割っている。

しかし、ある日ショッキングなことを知ってしまった。カニのことをもっと詳しく知ろうとインターネットで調べていたら、甲殻類は、痛みを感じる可能性が高いという研究結果が出ているそうだ。僕は目の前が真っ暗になった。魚と一緒で痛点などないと思っていた。僕が割った何百、何千のカニは痛みを感じていたのかもしれない。それから、一週間ほど海に行くのを辞めた。自問自答を繰り返したが、ついに結論が出た。

〝所詮カニじゃねえか〟だ。

そうだ、カニはカニだ。特に、海辺にいる小さいやつなんて、何の役にも立たないのだ。僕の進んでいる道は間違いではなかったのだ。思い切って同級生の坂木を誘ってみた。特に仲が良かった訳ではなかったが、彼なら理解してくれそうな気がしたからだ。中学の時に、彼が道路で死にかけのセミを、パンと一緒に踏み潰したのを見たことがある。でも彼は「そんなことをやるわけないだろう！」と、否定しやがった。おまえなんか、生まれ変わったら小さなカニだ。そしてオレが叩き割ってやるんだ。命乞いしても遅いからな。まあカニの命乞いなんて泡吹くぐらいだけど。

最近は、さらに上達してきた。小指の先ぐらいの本当に小さなカニもきれいに叩き割れるようになったのだ。「よっ名人!」という声が聞こえるような気がしてきた。そのうち電車に乗って、隣の県やまたその先の海岸でも、叩き割るようになった。やり慣れていない環境でも、自分の力が出せるようになる為だ。もし試合のようなものがあった時に、慣れない海岸で萎縮してしまってはいけない。色々な海岸に行くと人との出会いもある。あるとき、隣の県の海岸で叩き割っていると1人の小学生の男の子が、少し離れたところから俺を見ていた。おまえもやってみるかと俺が言うと、うれしそうに俺のところへ来て「キ＊＊イ!」と、言って走り去って行った。俺は、全力疾走で、小学生を追いかけ捕まえた。俺はこの子はきっと家庭環境が複雑で淋しいのだと思い、何も言うなと強く抱きしめてあげた。感動したのか、ずっと泣いていた。あるときは、自転車に乗った女子中学生が「何をしてるんですか?」と話しかけてきた。「まあ見とけよ」と言って、カニを素早く捕まえきれいに叩き割ってみせた。女にモテる為にやっている訳ではないが、やはり俺も男だ。女の前だといいところを見せたいものだ。彼女は俺の神業に絶句していた。夕焼けに染まった海を見ながら、「俺と付き合わないか」と告白した。会ったばかりの女に、告白するのは早すぎるとも思ったが、恋愛にルールなどない。俺が告白したいと思ったから告白しただけだ。女子中学生は恥ずかしそうに自転車を漕いで行ってしまった。背中に向かって、俺は「ヤラせてくれるだけでもいいから!」とへり下った。彼女は、きっとまた俺に会いに来るだろう。一度だけ、潮干狩りをしていた60歳ぐらいの女性に話しかけられたときも告白したけど、付き合うのは無理だった。しかしヤラせてくれと言ったら、テトラポッドの中でヤラせてもらったことがある。やはり俺のやっていることは魅力的なのだと思った。

だからと言って、女になんかうつつを抜かさない。俺はちゃんと考えている。このまま海岸でちまちま叩き割っていては、この行為の素晴らしさが伝わらないと思った。そこで、駅前にブルーシートを敷き、バケツに大量のカニと、専用の石を置いた。1匹掴んで深呼吸。目を閉じ集中力を高める。海の音が聞こえる。俺は目をカッと見開き振りかぶった。何十年、何百年先に、カニを叩きつける俺の銅像が立つことを夢見て……。

DOUBLE BOOKING

黒田が振り返る！

黒歴史。

1998

■お笑い界にデビュー。

■三人組でのスタート。しかし、一人がポンコツ…。

1999

■『ボキャブラ天国』に出る。

■「選ばれても行きたくない」発言で、事務所にクレーム。

2000

■川元が『進ぬ！電波少年』に箱男として出演。

2001

■断たれた現実。

■『電波少年』以降は、一切仕事が増えなかった。

■川元は、よりソリッドに。

■イベントの営業ではなくスタッフ。

2002

■テレビ番組の準レギュラーが決まる。

2003

■グルメ番組のレポーターに決定するが出演できず。

■オールナイトニッポンに出演。

2004

■スタッフがお金を持ち逃げ。

2005

■『お笑い登龍門』出入り禁止。

2006

■バナナマンのバーターでドラマ出演、2分間。

■音楽誌『ロッキング・オン・ジャパン』に登場。

■ラ・ママ新人コント大会を出禁。

2007

■『モヤモヤさまぁ～ず2』が始まり、夢破れる。

2008

■唯一の準レギュラー番組「虎の門」が終わる。

2009

■『イロモネア』に予選突破し本選出場。

2010

■収入が0円。

2011

■7年ぶりに単独ライブをやる。この年は仕事がない。

2012→2014

■『キングオブコント』準決勝、情報の行き違いでトップバッターにされる。

2015

■19年勤めた黒田のバイト先が潰れる。

2016→

■解散してたと思います。

1998

お笑い界にデビュー。

結成は1998年ですね。最初、僕と川元さんが同じバイト先だったけど、全然絡んでなかったです。みんなが学生のノリでワーって騒いでるところでも、川元さんは、隅の方に一人で居る感じでした。全く交流なかったんですけど、ある時、二人だけのバイトになっちゃって。もう、喋らざるを得ない状況で。そのまま帰るのも気持ち悪いなって思って、「ちょっと、一杯呑んで帰りますか」って誘ったんですよね。で、二人で呑んでる時に、僕がお笑いやろうって人に誘われてる事を話したら、川元さんがすげぇ食い付いてきたんです。で、川元さんが実は僕もお笑いやってみたかったんですって言ったんです。何かあるじゃないですか、そういうノリというか、その場しのぎの会話って。でも、あまりにも食い付いてきたもんだから、やべぇやべぇこんなに食い付いてくるの？って(笑)。次の日には、川元さんがオーディションの資料とか全部持ってきたんですよね。で、最初は太田プロ受けてダメで、その同じ日に受けたホリプロに受かったんです。

三人組でのスタート。しかし、一人がポンコツ…。

[redacted]

元々、僕と川元さんと、僕にお笑いやろうって誘ってきてたもう一人の三人組だったんです。名古屋出身の人（ここではA氏とする）で、ま～つまんない人だった。ほんとにもう、びっくりするぐらいつまんない人だった（笑）。一応、僕もA氏から誘われてるっていう話を川元さんに元々してたから、三人でやってみるかって感じで。で、実際にネタを合わせてみたら、川元さんが「あれ、ひどくないですか？」って話をして。川元さんのネタでの役回りって、最初は喋らない机とか物だったんですよ。でも、徐々にそのポジションをA氏にスライドさせてましたね。追い打ちが、演出家に「あれ？　こいつ要らなくねーか？」って言わせて、それから今のダブルブッキングになりました。

1999

『ボキャブラ天国』に出る。

　二人になってからすぐに『ボキャブラ天国』に出させてもらったんです。テレビ出演は、確かボキャブラが初めてですね。爆笑問題さんやらX-GUN（バツグン）さんやら、キャブラーの人たちがいっぱい居て。アンジャッシュさんは多分、僕たちと同じような立ち位置で出たぐらいの頃だったと思います。よく覚えてるのは、最初ヒロミさんの楽屋へ挨拶に行ったんですけど、川元さんがヒロミさんのことを「あんまり態度が良くねぇなアイツ」って言ってたのを覚えてますね。川元さんは今とあまり変わらない感じです（笑）。口を開けばすぐ文句出てきます（笑）。

　それから、『笑う子犬の生活』という特番に、ほんと無名の僕らをレギュラーで出してくださって。年始にある『新春かくし芸大会』にも出させてもらって。当時アリキリさんとかぐらいしか出してもらえなかったんですけど、入れてもらってたんすよね。デビューして1年で、こんな簡単にテレビ出演できちゃうんだって思ってました。

「選ばれても行きたくない」発言で、事務所にクレーム。

　このあたりからですかね、いろいろ問題があったのは（笑）。ある旅番組のオーディションのアンケートで、もし受かったら出たいですか？　みたいな、初歩的な質問が最初あったんですよ。そのアンケートに川元さんが「行きたくありません」って書いたんですよね。そしたら、向こうから事務所にクレームがきちゃいまして。当時のマネージャーに、すごい怒られたんです。やばい、ホリプロをクビになっちゃうって思って、僕はこのオーディションすげぇ頑張って、二千人ぐらいを勝ち抜いたんですよ（笑）。結果、僕がその旅番組に行く事になって。あの時は、すごい必死でした。川元さんは予選落ちでしたけど。それ『あいのり』の前身の番組だったんですよ。ＴＯＫＩＯさんがＭＣした『なりゆき』っていう番組。

『新春かくし芸大会』
フジテレビ系列。1964年～2010年放送。年始に放送していた大型バラエティー番組。

『男女8人恋愛ツアーTOKIOのな・り・ゆ・き!』
フジテレビ系列。1998年10月～1999年9月放送。一つの国・地域を舞台に見ず知らずの一般人男女8人が共同で旅行する恋愛バラエティー番組。

『あいのり』シリーズ
フジテレビ系列。1999年10月～2009年3月放送。男女７人が、ラブワゴンと呼ばれる車に乗って、いろいろな国を旅する。その行程の中で繰り広げられる恋愛模様を追った大型恋愛バラエティー番組。

『ボキャブラ天国』
フジテレビ系列。1992年10月～1999年4月までレギュラー放送、その後、特番にて2008年9月まで放送されたお笑い番組。爆笑問題やネプチューン、くりぃむしちゅー（当時は海砂利水魚）といったお笑い芸人を輩出した。

『笑う子犬の生活』
フジテレビ系列（一部地域放送）。ウッチャンナンチャンの内村光良を中心としたコント番組『笑う犬の冒険』の兄弟番組として1999年10月～2000年7月放送。

2000

川元が『進ぬ！電波少年』に箱男として出演。

川元さんが「箱男」をやってた時は、本当に会えてなかったんです。ロケ先に行った時に、ほんとは箱から外に出しちゃいけないんだけど、トラックの中だけだったら会っていいよって言われたんです。そのトラックには、箱が2台積み込んであって、その暗闇の中でちょっとだけ会わせてくれたんですよ。久しぶりに会えるからうれしいなってテンション上がってたんですけど、箱の中から出てきた川元さんが、ヨロヨロして歩けてないんです。「え？　どうしたの？」って聞いたら、ずっと箱の中に居るから歩けないって。何か筋力が弱ってるみたいで、かわいそうだなこいつって思ってました。ちょっとした監禁ですからね（苦笑）。こいつ頑張ってんなって思いました。最初は電波に行ってるあいつがうらやましいなって思ってたんですけど、その時は、よかったー、オレじゃなくてーって（笑）。僕は、川元さんが電波に行ってる間は、何もしてないですね。もうパチンコの日々。川元さんが帰ってきたら、多方面のテレビ出演とかメディアでお金になると思ってたから、毎日パチンコ。それこそ消費者金融系からお金を借りまくってました。借りるというより、お金下ろしてこようって感覚でしたね。絶対に返せると思ってたんで。ひと月で60万円ぐらい借金してましたね、負け続けて（笑）。でもまあ大丈夫と思いながら。

『電波少年』シリーズ
日本テレビ系列。1992年7月～2003年2月放送。司会は松村邦洋、松本明子。アポなしロケやヒッチハイク企画など、体当たり的な番組内容で人気を得た。

2001

断たれた現実。

電波少年に出てた人って、帰ってきたら本出したり、テレビ出演したりしてお金になってたんです。だから、僕らからぐらいじゃないですかね、急にそういう風潮がなくなったの。でも、原因の一つとして、僕らの事務所の芸人の一人がやらかしてるんです。当時、電波に行った芸人は必ずと言っていいほど、笑福亭鶴瓶さんとWコージ（今田耕司、東野幸治）さんが司会していた『いろもん』という番組に出れていたんです。僕らの前に電波に出た芸人（今はもう辞めている）も例外なく『いろもん』に出たんですけど、収録中に問題起こして。そっから、電波少年出た人は出さないってなったんでしょうね。だから、僕らから出れなくなっちゃったんです。帰ってきたらいくつか番組出れるってルートがあったのが、そっから断たれていきました。『進ぬ!電波少年』から人生が一気に落ちました（笑）。それまでは調子良かったんです、ほんとに。ライブに出るたびにファンも増えて、あーこれいい調子なんじゃねぇの？　とか思ってましたから。第一のターニングポイントです（笑）。

『電波少年』以降は、一切仕事が増えなかった。

お笑いとしての仕事は、営業が一個きたぐらいだったですね。きたっていうか、普通に入っていただけでしょうけど。この頃から、アルバイトをしないと、お笑いだけでは食べていけない状況でしたね。

川元は、よりソリッドに。

電波から帰ってきた川元さんは、全く変わってなかったです。相変わらずな感じでしたよ。一応、番組上は丸くなって帰ってきたみたいな感じでしたけど、むしろ、もっとソリッドな感じというか、磨かれて帰ってきました（笑）。ネタをやりづらかったですね、この時は。『電波少年』で、毒っていうか、もう、悪口ばっかり言ってるキャラクターだったんで、ライブの暗転中に、「次はダブルブッキングでーす」って言ったら、ほんとに客席から「わっ」とか、「チッ」って舌打ちが聞こえるんですよ。だからあの頃はほんとやりづらかったです。そういった意味で言えば、少なからず電波の影響はあったって事ですかね。それまではすごいウェルカムな感じで迎えてくれていたのに、そこから2、3年ぐらいは、まあネタがやりづらかったです。でも、ネタは好きだから、ちょっとずつでも、とりあえずやっていくしかないねって話し合いました。ネタの方向性は、いろいろ変えました。

イベントの営業ではなくスタッフ。

ある時、イジリー岡田さんが司会を務めるイベントでホリプロのアイドルの子たちが何人か出るから、手伝ってほしいという依頼があったんです。営業かなと思っていたら椅子を出したりとか、会場の設営を手伝ったりする係だったんです。完全にスタッフです（笑）。

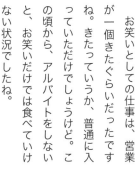

2002

テレビ番組の準レギュラーが決まる。

『虎の門』でネタを見せるコーナーでスタッフさんに一回呼んでもらった事があって、あの時に来ていたダブルブッキングって子たちを一回オーディションに呼んでくれって言ってくれて。オーディションに行ったらそこで通してもらいました。ほかにも『新すぃ日本語』っていう、武田鉄矢さんがメーンMCをしている番組の準レギュラーに入れたりと、少しずつ仕事がくるようになりましたね。

『虎の門』
テレビ朝日系列。2001年4月～2008年9月放送。各回ごとにMCが替わるバラエティー番組で、2003年に「いとうせいこうナイト」で行われた「うんちく王決定戦」「しりとり竜王戦」「話術王シリーズ」が人気を博した。

『新すぃ日本語』
TBS系列。2003年3月～2004年10月放送。新しい日本語の使い方を若手芸人がコントで提案するバラエティー番組。

2003

グルメ番組のレポーターに決定するが出演できず。

番組プロデューサーが僕の事を良いって、何か言ってくれていたらしいんです。そのプロデューサーが「この宣材写真の右の方ね」ってADに指示したらしいんです。そのADが、担当マネージャーに「宣材の右の方」って言ったみたいなんですけど、僕らって当時、立ち位置が定まってなくて。しかも宣材を撮り直した時期で、新しい宣材は僕と川元さんが逆になってたんです。マネージャーは新しい宣材を見てたんで「右って暗いやつですよ？　昼の番組に向いてませんよ？」って言ったらしいんですけど、「プロデューサーが右って言ってるんで、お願いします」と。で、現場に暗いやつ（笑）、川元さんが行ったら、プロデューサーが「あれ？こっち？」っ驚いたんだけど、ロケは始めなきゃいけない。それでいざロケに行ったら行ったで、まずいもんはまずいって言う川元さん（笑）。おいしそうな顔してください、笑ってくださいって言われても、「いや僕は笑えないんで」みたいな事になったらしいんですね。で、僕はレギュラーでほんとは出られるはずだったのに、一発で終わっちゃいましたね。その後、一応スタジオにも川元さん呼ばれたらしいんですけど、スタッフに言われたのが「来てもいいですけど、喋んないでください」って始末です（笑）。あのロケの回は最高に面白かったです。

オールナイトニッポンに出演。

この当時『オールナイトニッポンR』の「ちょいちょいネタ」のコーナーで呼んでもらってたんですよ。この時に『電波少年』のTプロデューサーが制作した企画で、「吉本興業をぶっつぶせ！」っていうイベントがあったんです。吉本の、結構売れっ子たちがバーって並んでる中で、ほかの事務所の芸人をあてがって、実際、対戦形式でどっちが面白いんだ、みたいな企画です。僕らがあてがわれたのが、当時『はねトび』で全盛期のロバート。チケット販売しても即日完売する人気のロバートだったんです。新宿ルミネで、キャパシティ五百人が一瞬で埋まってました。全部ロバートファンです（笑）。その中でネタやらされたんですけど、まさかの勝ってしまうという奇跡を起こしたんですよ（笑）。観客からは、「えーっ」て感じですよね。その時、川元さんがツカツカっと舞台の前に出て、そんな観客に向かって「ざまあみろ」って言ったんです。もう、もう、やばいやばいやばい、ほんとにすみません～て謝りましたけど（笑）。だから、この頃はちょっと調子良かったんですよ。『オールナイトニッポンR』でも、対戦形式で、ダイノジさんと戦って、ダイノジさんにも奇跡的に勝っちゃって。その後にインパルスで負けたんですけど、スタッフさんから、頑張ってくれたからって事で、ご褒美で『オールナイトニッポン』をやらせてもらいました。

『はねるのトびら』

フジテレビ系列。2003年4月～2012年9月放送。2000年4月から2001年3月まで放送された深夜番組『新しい波8』に出演した若手芸人の中から、メンバー5組が選抜され、番組がスタート。インパルスやロバートなど人気芸人を輩出した。

『オールナイトニッポン』

ニッポン放送。1967年～現在も放送中。多くの人気パーソナリティを輩出してきたラジオ番組。

こぼれ話

編集「そもそもダブルブッキングっていう名前が引き寄せてるんじゃ？」
黒田「名前を決めたのが、アルバイト先のカラオケボックスで。当時、選曲は今みたいに機械じゃなくて歌本って分厚い本だったんですよ。僕が本をパラパラ開くから、川元さんが見ないで指して、その名前にしようって。で、いくつか指して候補を挙げてたんですよ。『なんてったってアイドル』とか『隣のインド人』とか（笑）。その中の一個がダブルブッキングだったんですよね」
マネージャー「あれでしたっけ。郷ひろみさんの」
黒田「そのダブルブッキング（笑）。事務所に入ったら付けてもらえると思ってたんで。でも事務所に入ったら、とりあえず黒板に自分たちの名前書けって言われて、書いたらもう、それがずっと続いちゃってます」

2004

スタッフがお金を持ち逃げ。

僕ら、レオパレスの番組レギュラーも決まってたんです。幸せお届け番組みたいなやつで、例えば、田舎に居る実家のおばあちゃんが作ったお弁当を、東京とかで働いてる孫に届けにいくとか、手紙をもらって帰ってきて家族に読んであげるみたいな、ほんとにほっこりする番組で。僕と川元さんはバラバラで行って、日帰りで届けにいって帰ってくるロケのレギュラー出演の話が決まったんですね。その番組で初めての回が川元さんだったんですけど、前のグルメ番組ロケではさんざん周りからキツく言われてたんで、ちゃんとやって、ちゃんとこなして無事にロケを終えたんです。これでレギュラー安泰だなって思ってた矢先、マネージャーさんから連絡があって「番組終わります……」と（笑）。え、どうしたんだろ、川元さん何かやらかしたのかなって思ったら、実は番組スタッフが、お金を持ち逃げしちゃったみたいなんですよね。結構、上の方だと思うんですけど、制作費持ち逃げして、それで一回で番組が終わっちゃったんですよ。そういう事ってあるんだ！　って思いましたね。僕らって、たまにそういう事を引き当てるんですよ(笑)。こういう引きは強いんです（笑)。

2005

『お笑い登龍門』出入り禁止。

『お笑い登龍門』には、奇跡的に呼んでもらえました(笑)。「僕が怪我をして入院している。それで、川元さんがみんなからの寄せ書きを持ってくる」ってネタを収録して、無事に終わったんです。でも次の日、番組サイドから「ダブルブッキングは今後呼ばないから。ネタ見せも来んな」って言われたんですよ。「どういう事ですか?」って聞いたら、その色紙に、ちんこって書いてあったと（笑)。スタッフさんが編集時に発見したんだけど、何で「ちんこ」ぐらいで呼ばれないんだよーって、僕ら今まではずっとそう思ってたんですね。それが、最近分かったんですよ、原因が。『めちゃユル』といって、『めちゃイケ』の兄弟番組で、ネット生配信の番組があるんです。フジテレビの悪口とか不満がある人しか出れないという異色の番組なんです（笑）。それで、この『お笑い登龍門』の件を話したんです。確かに深夜帯の番組が「ちんこ」ぐらいで騒ぐのはおかしいと、僕らは「そのディレクターなんて、制作費でキャバクラ行ってそうなやつで！」ってのをバンバン文句を言ってたんですよ。それでスタッフが、映像を調べたんですね。そしたら色紙に、ちんこだけじゃなく、ま○○って二個書いてあったんです（笑）。あれはさすがにマズイでしょって。

『お笑い登龍門』
フジテレビ系列。200410月年～2005年9月放送。お笑い芸人がネタを披露するバラエティー番組。

2006

バナナマンのバーターでドラマ出演、2分間。

バナナマンさんのバーターで初めてドラマ出演しました、はい（笑）。一話一話ごとの2〜3分出てくる刑事役で出させていただきました。それこそ、今やヒットメーカーの大根仁さんが監督だったんですね、これ。

こぼれ話

編集「単独ライブはいつからやられてたんですか?」
黒田「確か電波から帰ってきて1年ぐらいだと思いますねぇ」
編集「ずっと続けてたんですか?」
黒田「そうです、そうです。2か月に一回のペースでやってたんです。常に最新ネタをやってたので、半年で心が折れました。バイトもできないのに、もう無理だよって。何が面白いのか分かんなくなりましたね。作家さんがいるわけでもないんで。あれはつらかったなぁ」

音楽誌『ロッキング・オン・ジャパン』に登場。

編集の方が僕たちのライブを見て気に入ってくれて、ちょっとやってみない？　って言ってくれて。ロッキング・オン・ジャパンのフェスにも呼んでくれました。バーターでX-GUNさんとか来るぐらいです（笑）。うれしかったですね〜。

「ラ・ママ新人コント大会」を出禁。

リーダー（渡辺正行さん）主催「ラ・ママ新人コント大会」の打ち上げで、最初ちっちゃい打ち上げがあるんですよ、会場で。で、その後に、良かったコンビはリーダーが声掛けてくれるんです。ちょっと二次会行くぞって言って。それは「お前ら今日良かったぞ」っていう意味なんですけど。そこで僕らが呼んでもらった時に、気に入られたいんでリーダーの目の前に僕が座ったんですよ。ただ、目の前に座ったにも関わらず、リーダーがお笑いの話をし始めたら寝始めちゃって（笑）。で、リーダーがそこで知り合いを呼んでワイワイと騒ぐって会なんですけど、知り合いが来た時に、急に僕が仕切り出したらしいんですよね。そこでほら、あんまり快く思わなかったんじゃないですかね（笑）。でも最近、雪解けです。川元さんがリーダーと一緒に飲むという奇跡が起きました（笑）。

2007

『モヤモヤさまぁ～ず２』が始まり、夢破れる。

『マニアの叫び』のレギュラーで呼ばれるようになったのが２００７年です。ブラザートムさんとほしのあきさんが司会で、僕らはレポーター。キングオブコメディやアメリカザリガニも出てました。ピンで『ＴＶチャンピオン』にも出てましたね。営業に行くと「あ、ＴＶチャンピオンの人だ」ってよく言われました。

その頃、テレ東さんでは何組かのコンビに1クール1か月ずつ番組を持たせて、面白いやつをレギュラーにしようっていうのをやってたんです。で、僕らの次のクールで始まったのが『モヤモヤさまぁ～ず2』。それまでは多分僕らが一番視聴率が良かったはずなんですけど、最後で来たのがモヤさまっていうね。これで見事に『マニアの叫び』復活の線は消えて、レギュラーも終わっちゃいました。

『マニアの叫び』
テレビ東京ほか。2007年1月～3月放送。マニア系のバラエティー番組。ダブルブッキングはスカウトマンとして出演していた。

『モヤモヤさまぁ～ず2』
テレビ東京ほか。2007年4月～現在も放送中。さまぁ～ず（大竹一樹、三村マサカズ）とテレビ東京の女性アナウンサーがメジャーどころではない街をブラブラする人気番組。

2008

唯一の準レギュラー番組『虎の門』が終わる。

2008年には、唯一の準レギュラー番組だった『虎の門』も終わりました。この番組に準レギュラーで出てて、いまだに売れてないのは僕らぐらいですよ。くりぃむしちゅーさんと、よゐこさんが週替わりでMCをやってて、あと出てたのはアンタッチャブル、バカリズム、U字工事、カンニング、サンドウィッチマン……。ほぼみんな売れてますからね。何で売れないんだろうって、逆に怖いですよね。改めて、川元さんとはネタをちゃんと作らないとダメだなって話はすげえしてましたね。やっぱり、ちゃんとネタをやってないと売れないからって。だからいまだに週に4回は会ってネタ合わせをしてます。超真面目ですよ。ライブは事務所主催のものだけですね。単独ライブの復活は、2004年と2011年、2015年にやりました。7年空いて、その次が4年ぶり。事務所ライブは義務で、出なきゃいけないいんでずっと出てます。たまにゲストでほかのコンビのライブに呼んでもらってますね。

2009

『イロモネア』に予選突破し本選出場。

2009年の『イロモネア』では本選に出させてもらって、それがきっかけで『爆笑レッドカーペット』にも呼んでもらいました。アメーバスタジオでレギュラーもやっていて、ブログを始めたんです。芸人では、最初にやったのが僕らじゃないですかね。アメブロの立ち上げメンバーにも入ってました。ブログの中で、大喜利コーナーみたいなのがあって、毎回コメントが2000件とか3000件とか来てたんですよ。それで、面倒くさくてそんなに見てらんねえって事で、やめちゃいました。その後、アメブロがあんなに広がっていくとは思ってなかったです。

『エンタの神様』にも一回呼ばれたんですけど、僕らのネタは結局お蔵入りになって放送されませんでした。何回も打ち合わせに行って、やっと収録したのに。撮るだけ撮って、番組の流れに合う人だけ出すっていうのが多かったんですよ。

NHKの『爆笑オンエアバトル』は立ち上げの時から出てたんですけど、僕らだけ台本を提出して、リハをやってました。ほかのコンビはそんなのないんですよ。みんな爽やかなネタをやるから。僕らのは流せるか分からない。流血したり、泡吹いて死んじゃうようなネタをやってたんで。

『ウンナン極限ネタバトル！ザ・イロモネア 笑わせたら100万円』
TBS系列。2008年４月～2010年３月放送。2010年～現在、単発で放送中。ウッチャンナンチャン（南原清隆、内村光良）司会のお笑いネタ番組。

『エンタの神様』
日本テレビ系列。2003年４月～2010年３月放送。2012年からは特番で放送されることも。お笑い芸人がネタを披露するバラエティー番組。陣内智則や次長課長、アンジャッシュ、波田陽区らの人気芸人を輩出した。

『爆笑オンエアバトル』
NHK総合。1999年３月～2010年３月放送。若手のお笑い芸人がコント、漫才や漫談などを客の前で披露し、おもしろいと評価されたネタのみが放送されるバラエティ番組。

2010

収入が0円。

2010年には、お笑い芸人としての収入がゼロになりました。川元さんとは「もう一回、お笑いブームが来ないともう無理じゃないか」って話してましたね。ネタを作っても、見せられる場所がねえだろって。やり過ぎで視聴率が取れなくなって、ネタをやらせてくれる番組がなくなったんです。『爆笑レッドカーペット』をやってから、みんな長いネタを見なくなったのもあると思います。それでバイトしながら、映画『裁判長！ここは懲役4年でどうすか』に、僕は刑事役、川元さんは痴漢役で出演させてもらいました。

映画『裁判長！ここは懲役4年でどうすか』
2010年11月公開。出演：設楽統（バナナマン）、片瀬那奈、螢雪次朗、村上航、尾上寛之、鈴木砂羽ほか

2011

7年ぶりに単独ライブをやる。この年は仕事がない。

2011年は7年ぶりに単独ライブをやったんですけど、テレビには一回も出てません。MCとかができる人しか生き残れなくなってきた感じがあるじゃないですか。くりぃむしちゅーさんとか、さまぁ〜ずさんとか。この頃に『爆笑レッドカーペット』に出てたメンバーで、ブレイクした人ってあんまり居ないですよね。まだくすぶってる感じ。オーディションすらなくなっちゃいましたもんね。

『爆笑レッドカーペット』
フジテレビ系列。2008年4月〜2010年8月放送。以降、番組名を変えながら不定期で放送。お笑い芸人が1分間でネタを披露するバラエティー番組。

2014 ∠ 2012

『キングオブコント』準決勝、
情報の行き違いでトップバッターにされる。

　本当にもう何やってもダメで、今年売れなかったらダメだろうって思ってた頃に『キングオブコント』が開催されて、最後のつもりで出ました。準決勝まで行ったけど、情報の行き違いで出番がトップバッターになったんですよ。本当は残って結果を聞かないといけなかったんだけど……帰りました。そしたら、審査委員長の高須光聖さんが番組の制作スタッフを通してメッセージをくれたんです。「ほんとに惜しかったから辞めんなよ」って。それを僕らに絶対伝えてくれと、わざわざ伝言を届けてくれました。あの時はうれしかったですね。気持ち的に救われたというか。自分たちがやってきた事は間違ってなかったんじゃないかって。

　次の2013年の『キングオブコント』では、「これはいけるんじゃねえ?」と思ってたら、準決勝で声が舞台に届いてなかったという事件がありました。ネタをやりやすくするために、ピンマイクを付けてなかったんです。これはへこみましたね。出演順も良くて、流れもきてたから上に行きたかったんですけど。何で売れないんだって、一番言われたのがこの時期ですよ。今年こそ行く年だって、何度も言われましたもん。

　2014年は二回戦落ち。2013年の準決勝の時のネタをやったんです。自分たちも気に入ってたし、こんな事で負けネタにされたくないと思ったんで。会場はばかウケしたんですよ。それで事務所の人に食事に誘ってもらって、みんなでカンパイとかして、もう準決勝に上がるのは決まったみたいな感じでした。でもフタを開けてみたら僕らの名前はなかった。あれはびっくりしましたね。思わず笑っちゃいましたもん。何カンパイなんかしてんだって。それぐらい自信はあったんですけどね。周りの方々も、何で落とされたんだって思ってたみたいです。

まあでも考えてみたらそうですよね。あいつらネタがないんじゃないかって。注目してもらってたのに同じネタをぶっこんできたから、こいつらネタも作ってないんだと思われたのかもしれないですね。

『キングオブコント』
TBS系列。2008年〜放送中。年に一度開催されるお笑い芸人たちの「コント日本一」を決めるバラエティー番組。

2015

19年勤めた黒田のバイト先が潰れる。

この後くらいに、お笑い有楽城っていう『オールナイトニッポンR』をかけた大会で優勝して枠を取りました。普通『オールナイトニッポンR』って、打ち合わせもなく本番に入って好きなように喋ってくださいって感じなんですけど。スタッフさんが、枠でやるなら今までにない番組にしたいって、僕らにハマってくれたんですよ。前日もリハをやらせてくれて。最終的には好きな事話そっかみたいになって、打ち合わせも全部なくなりましたけど。僕らの好きなようにやっていいからって言ってくれて。曲なんか、一曲も流してないですもんね。川元さんは「オレは音楽とか聴かないから、今日は流さねえ」って言って。2時間半、ずっと人の悪口。出だしから「どーも、渡辺◯行が大嫌いで有名な川元です」で、最後には彼女に電話して「性感帯はどこですか?」って聞いたり。やばい時は、スタッフがビーーーーって警報ブザーみたいなのを鳴らすっていう。ニコ生の放送なんかもやりましたね。その時も、リスナーからのメールが届かないっていう事件がありました。僕らへのお悩み相談を事前募集してたんですけど、一通も届かなかった。当日分かったんですけど、サーバーがぶっ壊れてて、メールアドレスが使えない状態だったんですよ。で、やばいやばいってスタッフが慌てだして、今から急いで募集かけるからってやろうとしたんですけど、それが年末の仕事納めの次の日でスタッフもほとんど居なくて大変でした。でも、最初は50通くらいだったメールも、リスナーがバンバン送ってくれるようになって。あれはうれしかったですね。

　そのうち、お悩み相談でも何でもない事を募集するようになったりね。川元さんが何でも募集しようとするんですよ。自分たちも売れてないのに「ジョイはどうやったら売れるのか？」とか。ギャグで言ってもバンバン来ちゃうんで、これはもう読まなきゃしゃーないぞって。深夜のラジオって、多分こういう事なんだって思いました。きれいにやるんじゃなくて、毒があるくらいの方がいいのかなと。そこからテレビの仕事がどんどん決まって、収入がすごい上がってきました。2014年の10月くらいからですね。それまで多分、二人で手取り1万円とかだったのが、一人15万円くらいになって、それが3か月続きました。でも、その頃に川元さんのバイト先が潰れたんです。ざまあみろと思って、ばかだなあって話してたら、まさかの僕のバイト先も潰れるっていう。びっくりしましたよ。19年も勤めてて、店長になって収入もそれなりに安定してましたから。バイトという本業がありつつのお笑いだったんで、結構あぐらをかきながらって感じだったんですけど。

川元さんなんかコンビニバイトを二つ掛け持ちしてて、両方潰れましたからね。ほんと、下げチンなんでしょうね。あの負のオーラはすごいですよね。2014年は、『アメトーーク』4回と、『IPPONグランプリ』『フットンダ』とかにも出してもらいました。この頃、調子良かったんですよ。絶対ブレイクするって言われてましたもんね。2015年はテレビ出演が7回。磁石より出てるんですよ。

『IPPON グランプリ』

フジテレビ系列。2009年〜不定期放送中。深夜ローカル放送から2011年より全国放送へ。松本人志をチェアマンとし、お笑い芸人たちがさまざまなお題の大喜利に挑むバラエティー番組。


『フットンダ』

日本テレビ系列。2009年4月〜2014年3月放送。ダジャレを主体としたバラエティ番組。タカアンドトシをホストとし、毎回お笑い芸人がゲストとして登場。さまざまなお題に対してダジャレを考案する。レギュラー放送後は、不定期に特番として放送。


『オールナイトニッポンR』

ニッポン放送。1998年〜放送中のラジオ番組。『オールナイトニッポン』の関連番組で、現在までに放送時間やパーソナリティ枠を変えながら放送中。


『アメトーーク』

テレビ朝日系列。2006年4月〜放送中。雨上がり決死隊が司会を務めるお笑い芸人たちのトークバラエティ番組。「○○芸人」という言葉は、この番組から広がった。

2016

解散してたと思います。

僕ら、今まで本当に事務所が嫌いで。誰とも目を合わせないし、ライブ終わってみんな集まる時にも帰っちゃう。周りのチョンボで足引っぱられる事がいっぱいあって、本当にもうこんな事務所を信用してもしょうがないって思ってました。だから、打ち上げとかにも関わらないように。今こうやっていられるのは、今のマネージャーたちが付いてくれたからですね。今年のキングオブコントも、初めてちゃんと受けられた気がします。落ちたんだけど、誰にも邪魔されない状況で普通にネタをできた事がうれしかったんですよね。ちゃんと戦って負けたから、今回はしょうがねえなって思って。だから今年は何か、終わった後がすがすがしかったです。　川元さんも、新年会とか忘年会に出るようになったり、酒も飲むようになって。そんな事なかったんですよ。心を許してんだろうなって。多分、今のマネージャーたちに出会ってなかったら、解散してたと思います。

自　　嘲

Twitter

2014 → 2016

KAWAMOTO BUNTA

川元文太が2014年に始めたツイッター。
社会にもまれる人間であれば、
彼の自嘲的なつぶやきは、
誰もが一度は思ったことがあるだろう。
悲しくもクスッと笑える「つぶやき」。
ただし、初めに言っておくとすれば、
きっと誰も得はしない。
そんなつぶやきだ。

自分がフラフープを
している姿を想像したら
他にやることあるだろと
思ってしまった

2014 5/26 17:18

今日からツイッターを
事務所に始めさせられました。
公私ともに誰もフォローする
つもりはありません。 2014 5/25 23:16

道で吐いている
サラリーマンがいたら
パロスペシャルを
かけたくなる 2014 5/27 5:50

事務所から1日2回は呟けと
言われています。
これも1回にカウントします。 2014 5/27 17:12

偉い人が媚びへつらってくる
夢が見られますように 2014 5/28 11:08

何に体当たり
しようかな 2014 5/30 16:05

閻魔大王に食いぎみで地獄って
言われるんだろうな
2014 5/30 0:43

希望を捨てようとしたら持ってなかった
2014 6/1 6:36

気球に乗って色んな国の
風俗に行きたいな 2014 6/1 20:02

家でため息ついてくるの忘れた

2014 6/2 20:00

音楽を聴いて
よく思うことは
「うるせえ」
2014 6/2 5:45

ふと鏡を見たらサービスエリアに
おいていかれたみたいな顔してた
2014 6/4 5:34

真実の口から手が抜けなさそうな
芸能人を考えていたらもうお昼
2014 6/4 20:35

翼と生活費を
ください
2014 6/5 3:43

悪口言ったら
もっとひどい悪口言うよ
2014 6/5 19:55

大人の階段を
登ってたら
急に坂になって
下まで滑り落ちた
2014 6/6 6:25

グルグルバットで回ったはいいが目的がない 2014 6/7 6:21

人生の節目節目に三点倒立
2014 6/8 1:33

走馬灯は
嫌なシーン
ばっかり
流れそう

2014 6/20 7:40

人の言うことは
右の耳から入って
ベルトコンベアーを流れて
ラッピングされて
左の耳から出ていく

2014 6/15 5:51

ピラミッドの頂点に立ってみたい（ネズミ講の）

2014 6/15 21:07

意識不明になっても
握りしめた小銭を
離さない自信がある

2014 6/16 5:44

根っこが腐ってるから
花なんか咲きませんよ

2014 6/18 5:39

六本木
中指立てて
練り歩く（俳句）

2014 6/16 23:02

食べ物の好き嫌いが多いのは悪いことって誰が決めたんだ 2014 6/18 22:33

くさりがま持つと盾が持てないから
怖くて出掛けられない

2014 6/19 20:46

失敗したって
いいじゃないか。
人間じゃないんだもの

2014 6/19 7:30

俺から社交性取ったら全部残るわ！

2014　7/1　19:50

事故った車に
ぶらさがってる
交通安全のおまもり

ものすごく小さくなったら
バッタに乗りたいが
普通に食われるんだろうな

2014 6/28 20:50

2014 6/29 2:20

恥知らずの
代わりに
恥ずかしがる
2014 7/1 5:27

おまえとは
幼馴染んでない
2014 7/2 21:35

時間にルーズな人間が
12時をお知らせします
2014 7/3 21:05

世界中がニヤニヤに
包まれますように
2014 7/4 6:36

日めくりカレンダーって何かが起こるのを
カウントしてるみたいで怖い
2014 7/4 21:39

微妙な知り合いが
向こうから歩いて来たので
電信柱と同化した
2014 7/5 20:02

リセットしたところで結果は同じ

2014 7/8 21:20

はぐれメタルに
バシルーラをかけるぐらいの
男になりたい

2014 7/6 22:32

蹴ったら500円ぐらい
落ちてくる木ないですかね

2014 7/7 5:37

とびっきりのババアに
割り込まれた。
とびっきりだから
まあいいか

2014 7/7 21:05

流しそうめんで箸を流された気分 2014 7/8 7:32

風邪を引いたので
僕以外の人はマスクをしてください

2014 7/9 5:30

大自然の中で育ったのに
不自然な人間になった

2014 7/11 6:15

ひっくり返したら
起き上がれなくなる虫に
幸あれ 2014 7/11 23:44

不安定なところで安定してる

2014 7/6 21:07

愛想笑いってバレてんだろうなと
思いながら愛想笑い 2014 7/12 6:52

親に見られたくないもの第一位は現状！
2014 7/13 6:42

三振したのにまた構える勇気 2014 7/13 0:24

電車で偉そうに
足を広げて座ってる
奴の両膝に
熱々の味噌汁を
置いてあげたい
2014 7/13 23:56

一日全く
働いてないのに
飲むビール
2014 7/15 6:26

いつになったら美容室に慣れるんだ
2014 7/15 19:45

新聞や雑誌と一緒に
卒業アルバムを
捨てたことがある 2014 7/16 5:30

自分を客観的に見すぎると
てめえなんかどうでもいいわと
思ってしまう 2014 7/17 5:38

おかげさまで心を閉ざして40周年

2014 8/2 4:28

鬱陶しい
ポジティブ野郎の心を
バキバキに折りたい
2014 8/3 7:41

クソつまらない奴の冗談は
理解できないふりをしておけば
もう言ってこない 2014 8/4 5:44

自分の中の天使があまり天使っぽくない 2014 8/6 5:37

熟考した結果
仕事に行くことにした
2014 8/7 22:25

思い通りにいかないから
面白いって言う奴は
思い通りにいってる奴 2014 8/8 7:36

花火師を打ち上げてしまったみたいな空気 2014 8/8 23:03

決め付けられたら
裏切ろう
2014 8/9 7:53

被害者面されても
こっちは加害者面しませんよ
2014 8/10 6:56

電気代を見て
そっと目を閉じる

2014　8/27　0:52

馬もいないし
念仏も唱えられない
2014 8/21 7:54

毎日たっぷり
睡眠とってることに
罪悪感
2014 8/21 23:59

機嫌が
悪そうだと?
すこぶる
上機嫌じゃ!
2014 8/22 5:23

今転んだら
しばらく横に
なるだろう
2014 8/22 21:42

よーしいっちょ
落ち込むか
2014 8/24 6:53

相槌のタイミング間違えた 2014 8/24 2:08

悪口言ってると
時間が過ぎるのが早い
2014 8/24 7:16

楽しいか楽しくないかぐらいは自分で決めさせてくれ 2014 8/26 7:08

九月か。
何の感情も
ない。 2014 9/1 5:37

上から来るのはいいけど
ほとんど聞いてませんよ 2014 8/27 5:26

みんなで力を合わせて
引っこ抜いた大きなカブを
一人で食べる 2014 8/28 1:52

こんなことなら
お金持ちになれば
よかった 2014 8/28 23:45

迷路の出口がない 2014 8/29 21:46

ゴミだからゴミみたいなことしか起きない 2014 8/30 5:49

雑誌の袋とじを
舌で開ける程の
スケベさ 2014 8/30 23:58

泥舟乗ってっから全然モテねえ 2014 8/31 6:27

また髪を切りに行こうと思っている
自分が気持ち悪い 2014 9/1 0:12

気は難しくて力なし

2014 9/30 5:48

最寄り駅が全然最寄りじゃない

2014 9/30 5:48

夢の中で夢だと
気付くときがあるから
今度気付いたら
メチャクチャにして
やろうと決めている

2014 10/1 21:59

想像でも一輪車に乗れない 2014 10/3 0:08

ふりかけはふりかける側でいたい

2014 10/3 6:57

インターホンが鳴ると
テレビの音量を
下げてしまう

2014 10/5 0:21

前に進もうにも
どっちが前だ

2014 10/8 21:48

勝手に嫌なことを想像して嫌な気分になる 2014 10/10 0:29

まきびし誰も踏んでねえ

2014 10/11 7:58

給料日は怒られる日

2014 10/15 0:18

怠けた分だけ疲れない

2014 10/12 0:22

ガムテープで出来る
嫌がらせを考えよう

2014 10/12 6:29

感覚だけは絶対に失わない

2014 10/14 6:58

空を見上げたら
メガネに指紋の跡が
たくさんあった

2014 10/16 22:18

土下座ならしますけど
心は仁王立ちですよ

2014 10/16 6:25

誰か物と交換できる紙をください

2014 10/17 7:47

ツイート300回いってた。誰か金くれ 2014 10/17 22:05

俺が今日ロケットランチャー
持ってなくて良かったな

2014 10/18 7:14

基本
奇跡待ち

2014 10/24 0:27

こちら側のどこからでも手で切れますが
切れなかったとき人への不信感を抱く
2014 10/19 6:38

一生を棒に振る
ショートコント
2014 10/20 0:48

駅員さんこのまつぼっくりで何駅いけますか 2014 10/20 23:05

ケバめの女と旅行に行きたい。
ケバめの女持ちで 2014 10/22 3:26

自分より稼いでる犬や猫がいると思うと何も笑えなくなる
2014 10/22 7:26

偉そうな態度の警官は
ノースリーブにするとか
見た目でわかるように
して欲しい 2014 10/23 7:34

暗くなるの
早くなったな俺 2014 10/25 2:34

長いものに巻かれたつもりだったけど
ハミ出てた 2014 10/26 7:18

自分のクズっぷりに
びっくりして
しゃっくりが止まった

2014 10/28 7:36

今まで払った家賃を実は誰かが貯めてて
40歳の誕生日に渡してくれるもんだと思ってる
2014 10/27 0:58

ひと手間加えて
台無しにする
2014 10/27 5:32

無理矢理納得してるとあとできつくなる
2014 10/30 0:34

おまえカウボーイのくせに
馬持ってねえのかと
言われたところで目が覚めた
2014 10/30 23:34

ほとんどの芸能人は
筋斗雲に
乗れないんだろうな
2014 10/31 7:58

地獄ではリアクションが小さいと
鬼の標的にされそうで不安だ
2014 11/2 1:33

私生活で一回ぐらいは飛び込み前転を使う場面が来て欲しい
2014 11/2 5:54

みんなが見たい場面はこれでしょう。
はしゃいでる奴が骨折 2014 11/3 1:27

スタート地点どこですかね

2014　11/8　1:19

挨拶に苦痛を感じる時点で
社会に向いてないんだろう

2014 11/3 22:29

二択問題を三十回ぐらい
連続で間違えたら
発狂するだろうな

2014 11/6 5:37

気が付くと内股に
なってるときがあるが
そこは見逃して欲しい

2014 11/9 0:30

否定から入って全否定

2014 11/9 6:29

イライラして良いことありましたか

2014 11/10 6:36

ずっと脂が
乗らないから
カピカピだ

2014 11/13 6:11

努力してないのにもらう努力賞

2014 11/15 2:01

争いごとをもう少し好きになろう

2014 11/18 6:50

全部自己満足で いいような 気がしてきた

2014 11/27 23:23

ハッピーエンドが
似合わない人間
2014 11/19 23:20

尻文字で懲役を宣告される
2014 11/20 6:06

拷問道具を考えてたら
時間過ぎるの早いな 2014 11/21 6:40

電車が遅れて
駅員にキレてるバカは
声帯切られろ
2014 11/22 6:10

お涙頂戴には引っ掛かりませんよ 2014 11/25 0:48

天まで届くとまずい最低の想い
2014 11/25 23:29

悟りを開いて閉じる運動〜 2014 11/28 5:45

自分のことは
棚に上げないと
何も言えなくなる
2014 11/30 6:35

現実は薄目で見る

2015 1/3 23:55

お忙しいところ恐れ入りますが
去年投げたお賽銭返してください

2015 1/1 23:38

見えない所に
爪痕を残す

2015 1/5 0:00

寿司って言えば
喜ぶと思うなよ

2015 1/5 6:44

ただ贅沢したい
だけなのに

2015 1/7 23:36

すべてを凌駕する普通さ

2015 1/9 6:26

やましい気持ちがない方が気持ち悪いわ

2015 1/10 5:42

早く暖かい季節が来て
干からびたミミズを見たい

2015 1/11 2:01

人間味と血が溢れ出てますね

2015 1/15 7:01

下ネタ言う方も
リスク背負ってるわい

2015 1/26 6:02

腹割って話したら
終わりますよ
2015 1/17 0:45

身体中に爪楊枝を埋めてあげればいい
2015 1/18 7:14

腹黒さも評価して
もらえませんか
2015 1/21 5:52

同意しなかったら
怒るからめんどくさい
2015 1/24 3:41

いろんな欲を満たして
こんなもんかと言いたい
2015 1/25 5:55

理解に苦しむって偉そうな言葉
2015 1/27 6:53

いつも下向いて歩いてるのに
全然お金落ちてない
2015 1/29 7:53

血が出ないと実感しない 2015 2/1 2:15

豆をぶつけられて鬼だと気付く

2015　2/3 6:53

ゴキブリの良いところについて考える 2015 2/1 23:52

おしゃれな内出血だ 2015 2/4 7:00

自分の中に何人いるか点呼をとる 2015 2/6 6:25

忍耐力があると思ってたら言えないだけだった 2015 2/9 3:52

食べてから食べてよかったか聞く 2015 2/12 6:38

翼はいいから安定をください 2015 2/13 6:04

何となくこの人とは合わないと思ったら想像以上に合わない 2015 2/18 4:38

嫌な人間とすごく嫌な人間がいる 2015 2/20 5:11

死んでるのが目だけだと思うなよ

2015 3/23 7:12

楽な方楽な方に
流されて
結果大成功したい

2015 3/14 6:39

吐血してるのが気にならないぐらい
オシャレだ 2015 3/17 7:37

一旦全員ゼロからになればいいのに
2015 3/19 6:40

ここはおまえがなんとかしろ!
俺は先に行く 2015 3/22 6:54

混んでる電車で
この中で一番金持ってないと
思ったら気持ち悪くなってきた

2015 3/27 6:58

言い訳はしないという言い訳

2015 4/7 7:18

全く愚痴を言わないのも気持ちが悪いので
愚痴りますね 2015 4/9 2:35

自分の子供に
クズだとバレる日も
そう遠くない

2015 4/28 5:52

大貧民が革命起こせるわけないだろ

2015 5/13 5:51

本当の自分が
わからなくなるけど
多分あいつだ
2015 5/4 7:13

人に合わせることに疲れてきた
2015 5/11 6:27

電車の中でイヤホンを
ハサミで切る係に
立候補します
2015 5/12 6:36

今日は良心が
旅行行ってんだ
2015 5/14 7:13

意味ばっかり考えてたら混乱しますよ
2015 5/17 6:56

脱水症状の状態でも
唾かけたい奴がいる
2015 5/19 6:06

左ジャブの連打から人格否定
2015 5/21 3:56

居心地が良い場所が増えない
2015 5/22 6:17

呟いてはいけないこと呟きそうになる日がある
2015 5/26 7:48

メッキが
剥がれなきゃ
メッキでいい

2015 5/31 4:03

帰りの電車は表参道で
降りそうな雰囲気を
出しながら帰ろう

2015 5/27 5:08

面倒くさいから謝りますね

2015 5/29 6:24

気が付いたらツイッターを始めて
1年経ってた。
なんの達成感もないし得もない。

2015 6/2 7:28

首の後ろあたりに穴を開けとけば
ストレスが出て行くかもしれない

2015 6/3 8:05

我に返ったところで我も正常じゃない

2015 6/8 7:15

相手がギリギリ
届かないところに
手を差し伸べる

2015 6/9 7:41

社交性で人生だいぶ違うんでしょうね

2015 6/10 7:50

いろんなことから
目をそらし続けてるから
見るとこなくなりそう

2015 6/14 6:41

前向きって
どの方向だ

2015 8/31 8:06

裏切るから
期待してください

2015 8/3 7:32

本心ってひとつじゃない 2015 8/4 7:28

何でもかんでも
方程式に当てはめると
おもしろくない

2015 8/9 9:20

眠れないから目蓋いらないな 2015 8/12 10:50

息抜きに息を止めてみる

2015 8/14 8:31

みんなが額に汗して働くと働いてないのが
バレるから働かないで欲しい 2015 8/25 6:15

結果はもちろん
過程もクソですよ

2015 9/28 8:05

下手に出てんのに
得することってないですね

2015 10/6 8:46

勝つのはお金ある人。本当に

2015 10/6 8:59

毎年
再放送の
人生

2015 12/1 6:48

ほとんどの人が西暦2100年には
いなくなってると思うと人生短いな

2015 10/15 6:00

判定、騙した者勝ち

2015 10/20 9:30

悩みに悩んだ末、
投石

2015 11/17 4:04

裏だけじゃなく表も汚い

2015 11/29 7:08

優柔不断になるほど
選択肢がない

2015 12/10 7:16

今年もクソみたいな日が
300日以上あるから震えてる

2016 1/2 4:30

悲しい事にも笑い所を見つけよう

2016 1/10 8:37

踏んづけてやるって
いいですね

2016 1/19 6:43

考えられない状態に
なりたいですね

2016 1/30 4:29

ダブルブッキング

約2万字インタビュー

結成17年…。
芸能界の底辺で活動するが、
それなりに歴史を歩んできた二人。
お笑いの事、人生の事、相方の事……。
2万字では語り尽くせないほどの喜怒哀楽。
笑いあり、お涙あり、感動あり……と、
ドラマチックな展開になるかと思ったが……。

DOUBLE BOOKING
LONG INTERVIEW

中学生の時に「これだ!」って思った

居酒屋でのインタビューという事で、飲みながら食べながら、ざっくばらんにいろいろなお話をしていただければいいなと思っています!

マネージャー「NGはなしなので、基本、何でも聞いてみてください! ただ顔射だけはNGだよね?」

川元「NGっす。顔射される側ならいいんですけど、する方は……」

黒田「される方がヤダわ!」

(笑)。では、まずは芸歴18年の中で初となる『ダブルブッキング本』を発売する感想から始めましょうか。

川元「ばかだなぁと思いますよね、こんな本を出そうとしてる人たちが(笑)。出世したくないんですかね」

黒田「ホント申し訳ない気持ちですね。ほかにいっぱい居たでしょうに」

川元「これから来るやつとか来そうなやつとかね。芸人って日本に一万人以上居るらしいんですよ。それに、僕ら宗教もやってないですしねっ(笑)」

黒田「選ばれた要因が分からない」

川元「〝事務所の圧が強過ぎて〟とかなんですかね。ホントはバナナマンさんにきた話なんじゃないの」

黒田「バナナマンさん、ダメ。(スピード)ワゴンさん、ダメ。(ザ・)たっちもダメだから、僕らでいいかと」

川元「いや、たっちははなからダメだけどな。別にいまさら世間も興味ないでしょ。ただ似てるだけですからね」

黒田「それがデカい要素だから」

川元「片方が死んだら終わりですよ」

ホントに幽体離脱した、みたいな。

川元「はい、ホントに。でも、生きている方が、『幽体離脱～！』って言わないとダメですけどね（実際のネタでは幽体離脱する方が言うけど）」

現時点では制作中ですが、どんな本になればいいなという感じですか？

黒田「みんなのやる気を奪うような本にしたいですよね。川元さんの言葉って結構、Ｔｗｉｔｔｅｒとかでも後ろ向きな言葉が多いじゃないですか。だから〝明日への希望を奪ってやろう〟みたいなものにしたいですよね。松岡修造さんの本と並べて置いてほしいです」

松岡さんの著書はやる気にさせる本ですけど、その逆をいこうと（笑）。

黒田「はい。あんまり意気込み過ぎても失敗するじゃないですか。僕らの本で、程よく中和してくれれば」

なるほど（笑）。二人はいつ頃からお笑い芸人を目指していたんですか？

川元「僕は中学生くらいですね。クラスでも目立たない暗いやつだったんですけど、一部の友達の間ではめちゃめちゃ面白がられていて（笑）。卒業文集か何かに、この人にはこの職業が向いているっていうのを友達が書くコーナーがあったんですけど、僕の所には『お笑い芸人』って書いてくれたんですよ。当時は今ほど、お笑い芸人なんてメジャーな職業じゃなかったのに。その時に〝これだ！〟と思ったんですよね。でも、芸人になりたいなんて誰にも打ち明けてはいないですよ。そんな事言うやつ、周りに居ないので。高校に入ってからも言えなくて、就職で東京に行って、芸人になろうと一人で考えてました。今となっちゃ、失敗しましたけど」
黒田「何で！　本も出るんですよ」
川元「だって、僕ら全然売れてないんですから！」

実際に東京で就職したんですか？

川元「最初は大阪の会社を受けたんです。簡単な面接だからって言われていたのに、頭が悪過ぎて落ちました」
黒田「面接、苦手そうだもんな」
川元「そうですね。知らない大人と目を合わせるのがちょっと……。大人って、すぐ怒るじゃないですか（笑）」
黒田「服装ひとつで怒りますね」
川元「それで、上京する理由として、東京の会社を受けたら合格して」
黒田「現場監督をしてたんですよね」
川元「建築現場の監督ですね。監督っていっても見習い。でも、芸人になろうと思っていたから学ぶ気もないので、3か月くらいで辞めてしまいました」

黒田さんがお笑い芸人になろうと思ったきっかけは何なんですか？

黒田「僕はだいぶ遅いですね。バイト先のカラオケ屋が一緒だった川元さんと、お笑いをやろうっていう話になったのは、22歳の時。それまで一切考えた事がなかったですね。僕は元々お芝居をやりたかったんですよ。とりあえず、テレビに出てみたいな～っていう気持ちがずっとあって。19歳の時に、通っていた大学とは別に劇団へ入ったんです。その頃は真田広之さんがすごい好きだったなあ」

川元「もう死んじゃったけどね」

黒田「死んでねーよ！　それこそ『ヒーローインタビュー』っていう真田さん主演の野球映画が、僕が大学三年くらいの時にあったんですよ。そのエキストラの仕事があるって聞いて、好きだから行きましたもんね。神宮球場の観客席で座ってるだけなんですけど。本物の真田広之だ！　って興奮して見ていたら、何か様子が違うんですよ。どうやら、真田さんが肩を脱臼したみたいで、僕は代打の役者さんをずっと真田広之さんだと勘違いしていて。ちょいちょい出てきて、その代打の役者さんにアドバイスしていたのが、本物の真田広之さんでした（笑）」

劇団にはどれくらい居たんですか？

黒田「2年くらい。その間、大学四年

の時に川元さんとバイト先で出会い、お笑いをする事になって」

川元「劇団出身の芸人って、たいがい面白くないんですよ」

黒田「アハハハハハ。それは否定できないんですよね」

川元「何か硬いんですよね」

黒田「練習の仕方が芸人と劇団じゃ違いますからね。まず劇団って舞台に向けて1か月とかかけて練習するじゃないですか。芸人って1日前にネタが上がって、舞台に出たりするんで」

川元「だから、たまに舞台とかに呼ばれると、稽古が長くて地獄ですね」

黒田「楽屋で劇団員みたいに発声練習しているお笑い芸人って大抵つまんないですよね？（笑）」

川元「つまんないですね。あと、ネタ合わせを裏で、劇団員っぽいデカい声でやってるやつはつまらないです」

黒田「誰ですか、それ？」

川元「結構、若手ってそうじゃないですか。面白い人たちって、こそこそネタ合わせしてる印象がありますね」

黒田「三拍子が結構、デカい声でネタ合わせしてますよね？」

川元「してますね～。あいつら、ちょっと空気が読めないところがあるので（笑）。良く言えば、真面目過ぎ」

黒田「あの方たちは真面目ですね」

　二人が出会ったのは黒田さんが大学四年の時というと、川元さんが上京して何年目になるんでしょうか？

川元「23歳の最初くらいだから、上京して5年は経ってますよね。お笑い芸人になりたかったんですけど、誰かを誘う訳でもなく、NSC（New Star Creationの略で、吉本総合芸能学院の通称）とかにも一人で行く根性がなかったんですよね。いかんせん田舎者な上に内向的な性格なので、誰かお笑いやる人居ないかな～と思っているだけでした（笑）」

えっ、上京して5年もの間!?

川元「はい、まったく行動に移さないまま、5年も無駄に過ごしました」

5年間、何していたんですか？

川元「ずっとフリーターです。ほぼ洋服屋ですね。最後に入った洋服屋が、客が来たら『何かお探しですか？』って、試着したら『お似合いですよ』って、積極的に接客をしないといけなかったんですけど、それが言えなくて。何せ似合ってないんですから（笑）。それが苦痛で辞めたんですよね」

場所はどの辺りの洋服屋さん？

川元「渋谷クアトロですね」

おー。そんなしゃれた場所で働いていたとは、何か意外です。

黒田「川元さん、明らかに接客は元々向いてないですけどね」

川元「心を殺してやってましたよ」

黒田「殺すくらいならもっとほかのバイトをすればよかったのに」

川元「そうですかねえ？　バイトって、居酒屋とか接客業しか、そんなになくないですか？　こいつと出会ったカラオケ屋も接客業だし」

東京で友達は居たんですか？

川元「居ないっす。彼女は居ましたけど。19歳から付き合っていた」

『進ぬ！電波少年』に川元さんが「箱男」として出演していた時、その最終回で箱を押していた女性？

川元「そうですそうです。あれ、今の嫁ですよ。最低ですよ、あの番組！」

黒田「お、どうしました？（笑）」

川元「あのー、まあそりゃシナリオができるじゃないですか。最終回は僕が閉じ込められている箱を、彼女が押して、箱が開いて終了みたいな。それで、電波のスタッフが彼女の所に行って、最終回に出て箱を押してくれって交渉したんですよ。でも、うちの嫁ってテレビとか大っ嫌いなので『嫌です』と。でも『やってくれないと、この企画が終わらないですからお願いします！』って電波のスタッフが何回も訪ねてきて。それでも嫁は断っていたんですけど『モザイクをかけますから、だったらいいですか？』って提案されて、嫁は渋々ＯＫしたんです。いざ本番やって放送を見たら、モザイクが一切かかってないっていう。嫁、ブチ切れですよ！　僕も立場的に何も言えないし、日テレに」

黒田「まあ、そうですよね、出さしてもらってる立場ですからね」

川元「くそスタッフの野郎……。むちゃくちゃですよ。電波スタッフなんてその頃、芸人をゴミとしか見てない。今もそんなやつはいっぱい居ますけどね」

黒田「フフフ」

川元「基本、ナメてますよね、芸人を。大卒のテレビ局のやつらは。中には話を聞いてくれる人も居ますけど、大抵はナメていて、上からきますよね?」

黒田「飲み会、開けとかって当たり前のように言ってきますもんね」

川元「全然こっちの方が年上なのに、よく言えますよね? 年上にそんな口、普通は利けなくないですか?」

恨みつらみがだいぶありそうですね。

川元「ホントに売れて見下してやりたいですよ（笑）。ざまーみろ! って言いたいやつがいっぱい居るんで」

黒田「それは居ますね。テレビ局の人に限らないですけど」

川元「田舎の同級生とかもそうですけど、『まだ芸人やってんの?』みたいにやっぱり言われちゃいますからね」

黒田「二人の中で〝こいつだけはいつかとどめを刺してやろう〟っていうやつが何人か居ますね（笑）」

デビュー当時は、エリート並に売れていた

コンビ結成前夜のお話を。川元さん

が上京5年目で、黒田さんが大学四年の時に、カラオケ店のバイト仲間として二人は出会われた。

川元「会ってなかったら、お笑いやれてなかったと思いますよ、正直」

黒田「でも、たまたまポロってそういう話になったんですよね」

川元「たまたま。別に僕から言いだした訳じゃないんですよ」

黒田「僕と一緒の劇団のやつが、お笑いをやろうよって言いだして」

川元「あいつ、日本一面白くない」

黒田「まあ確かにオレから見てもつまらないくらいだったからなあ」

川元「お前、うそつけ！『結構、面白いっすよ』って言ってただろ！」

[redacted]

黒田「アハハハハ。それで、そいつに誘われているっていう話を川元さんにたまたましたんですよね」

川元「もう〝キター！〟と思って、僕も入れてください！って言って」

黒田「あんなに〝やりたいやりたい！〟ってグイグイきた熱量を、あれ以来感じた事ないです（笑）」

川元「だって、上京して5年、ずっと何もなかったですもん。もうここしかない！と思って」

黒田「次の日にどことどこの事務所でオーディションがあるから行こうって、履歴書まで持ってきましたからね」

オーディションの用のネタは？

黒田「川元さんが作ったような？」

川元「いや、有りきのネタに僕が手を入れたんじゃないかな」
黒田「あ、そうだ。もう一人の相方が作ってきたやつを、川元さんが手直ししたんだ。そうだそうだ」
川元「今考えると、当時はいろんな事務所が毎月オーディションをやっていたんですよね～。太田プロも、浅井企画も、ホリプロもやっていて。どこに行っても50組以上来るんですよ。で、受かるのが4、5組とか。いつも来てるやつとかいっぱい居たんですけど、僕らは最初に太田プロを受けてダメで、同じ日にホリプロに行ったら受かっちゃって。合格の理由が分からない。あのネタ、全然面白くなかったのに」
黒田「一個もウケてなかったですね」
川元「流れ星もね、同じ日にオーディションを受けていて、同じ日にホリプロに入ったのに、なぜか今、芸歴が変わっちゃてますけどね～」
黒田「芸歴が浅くなってるんですよ」
川元「あいつら、ホリプロに2年居たんですけど、その2年をね」
黒田「なかった事にしてるんです」
川元「『ミレニアムズ』じゃないんですよ（笑）。本当は同期。それを舞台で言うと苦笑いっすよね、あいつら」
黒田「触れるなって感じですよね」

もう一人の相方さんはその後？

川元「1か月くらい居ましたかね」
黒田「あの人、タフでしたね。『お前

が要らないんだよ！』って最初から作家に集中攻撃を食らい続けていたのに、それでも1か月居たんですから」

川元「ホントに面白くないやつでしたもん。えっと、今はどこのお墓に？」

黒田「多分墓には入ってないよ（笑）。最後に会った時、オレはこれから声優になるって言って、どっかに行っちゃったんですよね。それから連絡取ってないので、今はどうしてるのか。実家に帰ってんだろうな……」

　結成当初って、こういうお笑いでいきたいとかってあったんですか？

黒田「方向は定まってなかったです」

川元「テキトーにやりたい事をやっていたというか。お客さんに見せてどうとか考えてなかったですね」

黒田「でも、変わった設定をやりたいっていうのはありましたね。いつも二人で話していたのは、みんながやってる設定じゃなくて、ちょっと切り口から変わっているものを作りたいって」

川元「ぶっ飛んだ世界をね」

黒田「最初に『ギャグを運ぶ店』っていうネタを作ったんですよね」

川元「こいつが厨房でギャグを作って、それを僕が客に運ぶっていう」

黒田「運ぶ途中で毎回違うギャグに変わっちゃってるんですよ」

川元「それで客が怒るっていう」

黒田「例えば、僕がコマネチってやって、こいつが客に持っていくと『渡嘉敷!』とか言いだすっていう」

ネタは二人で考えていたんですか?

黒田「一応、二人でいる時に作るんですけど、100%川元さんでしたね。僕、まったくお笑いの事が分からなかったので、川元さんが作っているのをただ目の前で見ていました。川元さんがネタ作る時の集中力はすごいですよ。人間って大体2時間くらいでだらけるじゃないですか。5時間くらいしても、一人でカリカリ書いてますね。川元さんのノートがまたアブないんですよ、怖いです。ホントにもう気が狂っている人のノートみたいで。ヤバイっていうのが、ちょっと見ただけですぐ分かります、真っ黒のノートで」

[redacted]

川元「真っ黒です、ホントに(笑)」

黒田「どこに何が書いてあるのか、川元さん以外は分からないです」

実物、見てみたいですね〜。

川元「捨てちゃってますね」

黒田「それに途中から、小っちゃいパソコンを買って、オレが書記係になってましたもんね。川元さんが浮かんだネタを、その場で台本に上げていく。最近は僕が構成を担当しているので、台本に起こすのは僕の仕事なんです。あと、川元さんがネタに詰まる時があるじゃないですか。そういう時に、最近あみ出したのが、いろんな人の悪口やゴシップを言う事。それで、すごいテンションが上がるんですよ!」

川元「上がりますね〜（笑）」

黒田「筆がスラスラ進むんです。だから、ゴシップを言うのも僕の仕事」

最低ですね（笑）。

黒田「喜ぶんですよ〜。それが分かって、ネタ作りが速くなりましたね」

デビュー当時の活動って、すごく順調だったんですよね。

川元「最初はもうエリートってくらい。ライブに出て、ウケて、人気も出て、最初の1年だけはすごかった（笑）」

黒田「すごかったですね。ライブをやるたびに、新しいお客さんがどんどん増えていく感じだったんですよ」

川元「デビュー半年くらいで『オンバト（爆笑オンエアバトル）』が決まって。

[redacted]

あの頃の『オンバト』ってホントに有名な人が出演していたのに、初舞台から半年後に呼ばれましたからね」

黒田「もちろん、周りはすげぇ人ばかりだから、通らなかったんですけど、ずっと呼んでもらえてましたよね」

川元「あと『笑う犬の生活』の若手版『笑う子犬の生活』にも呼ばれたり」

黒田「若手版やる事になった時に、無名だった僕らに声をかけてくれて」

川元「すごい勢いがありました。一番の風が吹いてましたね（笑）。『ボキャブラ天国』も放送が終わる頃ですけど、出ていましたし。あー！　もっとセックスしておきゃーよかった！　マジでもっとやれましたよ、僕！」

あの頃の川元さんはホントにジャニーズ系の顔立ちでしたもんね。

川元「ホントに人気があったんですよ。それで『電波』に連れて行かれて、帰ってきたらファンがゼロですもん」

黒田「舞台で誰々に続きまして、ダブルブッキングって声がかかると、チッっていう舌打ちが聞こえるんですよ」

川元「僕の『箱男』としてのイメージが最悪過ぎたんですよね」

人間不信で悪態しかつかない最低なやつっていうイメージですもんね（笑）。でも、最終回では彼女にちゃんと『ありがとう』とお礼を言えるようになって終わったんですけどね。

黒田「それまでの行いがヒド過ぎて。

[redacted]

全然浄化されなかったんですよね」

川元「ただヒドいやつみたいに思われていて、そこから地獄でしたよね」

黒田「そのつらい時期に、レギュラーがやっと一個決まったかと思えば、制作会社の人が金を持ち逃げして（笑）」

川元「あれ一回で終わりましたね～」

あ！　ゴキブリがテーブルの上に！

川元「僕、いきましょうか？　素手でいけるんで」

えーっ！

黒田「川元さんは素手でゴキブリをつかめるんですよ」

川元「お、いたいた。あ～小っちゃいヤツだ、かわいらしいヤツだ」

（素手でつかまれるのも気持ち悪く、

思わず川元さんにおしぼりを渡す）

川元「（無言のうちにおしぼりで仕留め）黒田さん、バッグ！」

黒田「勘弁してくれよ～」

でも、素手でつかめるって……。

黒田「頭、おかしいんですよ」

川元「セミは触れますよね？　同じ虫です。違いが分からない」

黒田「コンビ組み立ての頃に、後楽園遊園地でネタをやった事があって」

川元「営業的なね。99年とかかな」

黒田「お客さんに座ってもらって、その前で僕らがネタをやってる時に、お客さんと僕らの間にゴキブリが走ったんですよ。『うわー！　ゴキブリだ！』ってお客さんがザワザワして、そしたら川元さんがすっと素手でつかんで、それをお客さんに投げて」

え～っ！

黒田「お客さんが、ギャーッ！　って」

川元「今まで一番の歓声でしたね」

黒田「あれを超える歓声は今までに味わった事がないですね、うん」

（笑）。黒田さんはなぜ大学、さらには大学院へ進学されたんですか？

黒田「小さい頃から東京に行きたかったんですよ。だから、大学に行くなら東京の大学！　としか思ってなかったし、東京で独り暮らしがしたくて」

川元「ホント浅い理由ですね。テレビに出たいとか、東京に行きたいとか」

黒田「芸人は大学四年の頃に始めたん

ですけど、ホントに芸人としてやっていけんのかなと思って、それを見極める期間として大学院に行ったんですよ。あの金もったいなかったなー、大学院の。1年で辞めちゃったから。こいつが『大学院に通ってるのは、保険かけてるんじゃねーか』って言ってきたので、スパっと辞めたら『あーもったいいね～』とか言いだして（笑）」
川元「保険、かけてんじゃないですか？ って軽く言っただけなのに、真に受けちゃって。まあ、あのまま行ったところで、今と変わってないですよ」
黒田「そうっすね。大学院っていっても三流なので。これが六大学だと全然話が違いますけど」

[redacted]

でも、実家はそろばん塾ですし、小さい頃から勉強はできたのでは？
黒田「高校までは良かったですね。県で三番くらいの高校に行っていたり」
川元「僕の方がめっちゃ学があるように見られるんですけど、めちゃめちゃばかです、僕。〝なかよし学級〟ってあるじゃないですか？ 小学校一年の時、そこに入りかけるくらい」
黒田「ヤバい子だったみたいですよ」
川元「授業っていうものが何をしてるのか、意味が分からなかったんですよ。どうしてみんなはこんな事してるんだろうと思っていたから、話も何も聞いてなかったんですよね。そしたらある日、親が学校に呼び出されて『あっちのクラス、どうですか？』と提案されて。でも親が『いやいや、やればできる子なんです！』と拒否してくれたおかげで、何とかギリギリセーフでした。それでもめっちゃばかな方でしたけど、学生時代はずーっと」

どんな子どもだったんですか？

川元「エロとゲームが全てでしたね。僕、小一からエロ本を見ているんで。山で初めて拾った時に、完全に勃起してるんですよ。何だこれ！　と思って。それ以来、山に拾いに行くようになりました。田舎なのでめっちゃ落ちてるんですよ。うち、海も山もある鹿児島の田舎なので、毎日のように海へ行ったり、山へ行ったりして、拾っていましたね。そのうちにだんだんとセックスってこういう事なのかなって理解するようにもなりました」

黒田「あと、気付いたんでしょ？」

川元「そうそうそう。海と山だと、山に落ちてるエロ本の方がエグいんですよ。SM系とか人妻系とかジメっとしたのが落ちていて。海の方は爽やかでカラッとしたものが落ちてるんです。だから、僕は山の方が断然、好きでしたね♪」

小一で自慰行為にも目覚めていた？

川元「オナニーはまだ分からなかったですね。小三か小四からしてました。最初、おばあちゃんの電マ（電動マッサージ機）を当ててたんですよ。当時はこういう（両手で持つ）電マがあって。分かります？」
黒田「工事現場にある（削岩機の）ようなタイプの電マがありましたね」
川元「年寄りって、みんなそれを持っていたんです。腰や肩に使うために」
黒田「うちもばあちゃんが持ってた」
川元「それを僕は使ってました。今のエロビデオとかの先駆けです」
黒田「パイオニアですよね」
川元「パイオニアです、電マの。先っちょの方にブーって当てるんですよ」
黒田「全然イケる気がしないな～」
川元「友達ん家でもやってましたよ。ばあちゃんの電マ、持ってこい！って言って。ブーってって」

[redacted]

罪悪感、なかったですか……。

川元「ないですないです。気持ちいいんですから、とにかく」
黒田「分かんないなー。あの振動が気持ちいいっていうのが。ふざけて当てたりした事はありますけど、くすぐったいで終わってたもんな」
川元「いや、ずーっと当てていたらしいんです、ずーっと。ブーって」
黒田「ほほ～」

黒田さんのエロの目覚めは？

黒田「僕も小三くらいですかね。エロ本とかに興味を持ち始めたのは。友達の父ちゃんの部屋に忍び込んで、初めてエロビデオを見たんですけど、無修正のものでパンチが強過ぎて……。オナニーは小四くらいからですかね」

川元「そろばんで？」

黒田「血だらけになるわ！　あんなもんでやったら。最初は何か触ってて、別に何も出ずに、あれ？　気持ちよかったなってくらいで。でも、その時の事覚えてますね。本格的なのは中一くらいじゃないですかね」

分かりやすいネタで評価されるのが悔しい

―学生時代、好きだった芸人さんは？

川元「もうベタにダウンタウンさん」

黒田「うん！」

川元「子どもの頃はやっぱりドリフ（ターズ）から入って」

黒田「いつの間にか『オレたちひょうきん族』を見るようになりましたね」

川元「でも衝撃だったな。ダウンタウンさんを見てから、ほかのお笑いを見なくなりましたもん。『とぶくすり』だの何だのつまんないなって。とんねるずさんやウンナンさんの番組も見てたんですけど、ダウンタウンさんが出てきて、あまり見なくなって」

黒田「ダウンタウンさんはこれまでのお笑いの切り口と違いましたもんね」

川元「そうですね。やっぱり影響も何かしら受けてると思いますよ」

黒田「僕らが気付かないところで出ているでしょうね。血となり肉となり」

―一番見ていたテレビ番組はお笑い？

二人「そうですね」

川元「すげぇテレビっ子でしたね、僕。それこそ『11PM』とかもやっていたんで、テレビを見ながらシコるチャンスをうかがっていたんですけど、なかなかいいタイミングがなくて」

あと『おとなのえほん』って関西制作のエッチな番組もありましたね。

黒田「ありました！」

川元「鹿児島でそれ見た事なくて」

黒田「水玉れっぷう隊さんが出ていたんですけど、水鉄砲で女の子の服を濡らすと、服が溶けていくみたいな事していたな」

黒田「いいな～」

最新AVのダイジェストを流すコーナーもあって、思春期の男子にはたまりませんでしたね。

川元「うわ、たまんねぇ。それはシコりポイントだ！　いいな～」

黒田「『ギルガメ（ギルガメッシュないと）』も見てましたね」

川元「うちの田舎はやってなくて、東京に来てから知りました」

黒田「うそー。『ギルガメ』を見ながら『イジリー、行けー！』とか学生の頃言ってたのに、まさか事務所の先輩になるとは思いもしなかったですよ」

川元「全然、エロくないんですよね、イジリー岡田さん」

黒田「すごい真面目なんですよ」

川元「ホモなんじゃないですかね」

黒田「ホモじゃねーよ！」

川元「僕、ホモだと思いますよ、あの人。だって、女の子の臭いがしない」

黒田「まったくないんですよね。あ、そういえば、川元さん、ドラマで泣いた事ないんでしょ？」

川元「泣いた事ないですね」

黒田「オレはわんわん泣けますよ！」

川元「ホントに？　感動のシーンでも、決まったセリフがあって、カメラの後ろにはスタッフがいっぱい居るんですよ。何回も撮り直しているんですよ。そう思ったら全然泣けないですね」

子どもの時から？

川元「そうですね」

何でそんな人がエンタメの世界に入ってきたんですか（笑）。

黒田「そうですよね！　そんな風にしか受け取れない人が何かを伝えようとしてちゃダメですよね」

川元「お笑いはまた違いますもん」

黒田「似てるんじゃない？　笑わせようとしてるなってあるじゃない？」

川元「笑わせるのは本心というか……。何か、あいつらはあざとい。ドラマしかり、歌手しかり、安い事言ってて。売れてる曲の歌詞、読み直してください。何言ってるんですか、あれ」

黒田「いい曲ありますよ、中にはジーンとくるものがありますよね？」

ありますね。

川元「何？」

例えば……。ビートたけしさんの『浅草キッド』とか泣けませんか?

黒田「あれは素晴らしい!」

川元「それもう~、極論ですよ! 2、3発目で挙げてくださいよ、それは」

黒田「痛いところ突かれましたね(笑)。あれはもうばかにできない」

川元「まあまあそうね、でも、芸人さんが歌ってる歌ですから。うちの嫁がめっちゃ三代目何ちゃらっていうのが好きなんですよ。僕が最も嫌いな見てくれで。何ですか、あいつら。ただ肌焼いて踊ってるだけですよ。ただ焼いて踊ってるだけなのに、コンサートとか行ったりするんですよ」

黒田「コンサートどころじゃないんでしょ。娘、送り込んでるんでしょ」

川元「うちの娘5歳なんですけど、エル、エル……何すか?」

EXILEさんの事務所・LDH?

川元「そこのダンススクールに入れてるんですよ。ふざけんなよと思って。娘も娘でE-girlsに入りたいとか言っちゃって……」

いいじゃないですか。

川元「でも、何で世間ってだまされるんですかね。安い歌しかり、安いドラマしかり、安いお笑いしかり」

黒田「うーん。それくらいの方がいいんだろうな、でも何か……」

川元「そうなんですよね」

黒田「お笑いだって、どっかで見たよ

うなネタをつなげている人たちの方が評価されたりするじゃないですか」

川元「分かりやすいネタでね」

黒田「あれは悔しいですね」

悪態をつくというか、斜めに物事を見るというか、川元さんのそういう部分ってどこからきているんですかね。

川元「赤ちゃんの時から親以外に抱かれるとひきつけ起こすくらい泣いていたらしいんですよ。人が嫌いなわけじゃないんですけど、元から何かそういうところがあるんでしょうね」

ご両親はどんな方だったんですか？

川元「両親は父親が寡黙で、母親がめっちゃ明るい人ですね」

黒田「川元さんのお父さんはいわゆる九州男児ですよね」

川元「そうですね。寡黙で頑固で。うち漁師なので、やっぱりちょっと荒いんですよね。怒られて殴られる事はよくありましたけど、変な教育は受けてないですよ、僕（笑）」

黒田「でも、ぶっ飛んでる父ちゃんですよね。虫歯できたら……」

川元「あ、そっすね。虫歯があったら、針金をコンロで焼いて、それを自分で刺して神経をぶっ殺すんですよ」

黒田「侍ですよね」

川元「侍です（笑）。おかげさまで今、歯が全部ないですけどね」

黒田「やっぱり歯医者に行った方がいいんだ（笑）」

黒田さんはどんな子どもでした？

黒田「僕はすごい真面目な子どもでしたね。親がそろばんの先生だったので、週の内３日がそろばん、３日が塾、１日が家庭教師だったんですよ。小学校からそんな生活だったので」

川元「同じ学校だったら絶対、友達になれないですね。もし僕がさあ、学校に早く行って、女子の笛、一緒に吹こうぜって言ったら、どうします？」

黒田「吹かないわ！　何言ってんの？」

川元「僕、めっちゃ吹いてましたよ。小学校４年頃から、友達と早く教室に行って（ソプラノ）リコーダーを吹いてて。でも、中学校になったら、友達がその事を言わなくなったんですよ。あれ、こいつ辞めたのかなと思って、そこからはもう一人行動ですね」

黒田「アハハハハハ」

川元「中学校にも一人で早く行ってましたね。中学校からはアルトリコーダーになりましたけどっ！」

何言ってるんですか（笑）。今はもう大丈夫ですよね？

川元「大丈夫です、大丈夫です」

学校に忍び込んだりしてませんか？

黒田「アハハハハハ」

川元「僕はリコーダーでやめましたから。軽トラも持ってないです！」

黒田「よかったよかった」

芸人さんたちの間では、アノ人のアノ趣味って知られていたんですか？

川元「いや、誰も知らないです」
黒田「うーん」
川元「切ないっすね……。僕に関しては、この仕事をしている事と、嫁と子どもがいるって事が、一つのブレーキになってますけどね。でも、この二つを失ったら、きっと何かやります！」
二つのこの翼がなくなったら！」
黒田「一番、川元さんがありえる犯罪って何ですか？」
川元「ちかんです」
黒田「アハハハハハ」
川元「電車で思いっきり触ってみたい」
黒田「はぁ……（ため息）」
川元「一応言っておきますが、触った事ないですよ！　翼があるんで!!」

じゃないと困ります！

芸歴18年ずっと低空飛行でも間違いじゃなかった

芸歴18年を迎えますが、どんな年月でしたか？

川元「いやもう正直、7年目も15年目も18年目も一緒ですよ」
黒田「僕らずっと低空飛行です。地面スレスレでかろうじて浮いてるくらいな。いつ落ちてもおかしくない」
川元「〝あの年、よかったな〟とか、全然ないっす。『電波少年』の後にへこんだのしかないです。地面潜って、今また地ベタに居ますけど。そんくらいしかないですね」

芸人を辞めようとは思わなかった？

川元「事務所を辞めようと思った事がありましたね。電波から帰ってきた後に。当時『箱男』っていったら、そこそこ話題になっていたんですよ。僕ら当時のマネージャーから、めっちゃ嫌われてて。電波から帰ってきた直後に『明日、お前らアイドルイベントの手伝いな』って言われて」

黒田「わざとなんですよね、それ」

川元「椅子を並べたり、呼び込みしたり、カメラを運んだりして。僕、もし芸人を辞める事があったら、何かして辞めますから、ホントに！」

黒田「元マネージャーに何かあったら、川元だなっていう。でも、そもそも、この人が愛想が悪いからいけない」

川元「そうなんでしょうね、かわいげがずっとないんで」

黒田「媚びたり一切しないんですよ。今はだいぶ丸くなりましたけど」

川元「角が取れました」

黒田「あの頃の川元さんはホントにヒドかったな……。あと、３年前くらいにも一回、心が折れましたよね？」

川元「そうですね」

黒田「２０１２年の『キングオブコント』で、今回決勝に行けなかったら辞めるしかないねって話をしていたんですよ。そしたら、ちょっとした行き違いで準決勝の時、トップバッターだったんですよ。賞レースでトップバッターってやっぱりしんどいんですよね。これをもう最後に辞めようかなって二人で話をしている時に、事務所に『キングオブコント』のスタッフから一本の電話がかかってきたんですよ。審査委員長の（放送作家・）高須光聖さんが『ホントに惜しかったから、お前ら辞めんなよ』っていうメッセージを『本人に届くように伝えてくれ』とスタッフに頼んでいたらしくて」

それ、めっちゃうれしいですね！

川元「はい」

黒田「高須さんと交流があったならまだしも、全然交流がない僕らにそう言ってくれるって、あれはうれしかったですね。その瞬間に泣きましたね」

川元「うそつけ！」

黒田「ホントに泣いたわ！」

川元「泣いてなかっただろ！」

黒田「いやいや。その場では泣いてなかったけど、一人になってから！」

川元「無理やり感動秘話にすんなよ！ドラマじゃねーんだから」

黒田「（苦笑）。でもホントに、それだけで今後もやっていけます。正解が分からない世界じゃないですか、お笑いって。だから、やってきた事が間違ってなかったんだなって思いましたね。それからまだ直接はお会いしてないので、『キングオブコント』で決勝に残って、感謝の言葉を伝えたいです」

年表を見ていると、二人に関係ない

不運にホントよく見舞われますよね。

川元「いや、でも自分らの問題ですよ。チャンスをいっぱい逃してますから」

黒田「うん。もっとぶち抜ける実力があればいけるんでしょうね。しょせん、それがないって事なんですよね」

そこは謙虚なんですね（笑）。

川元「そりゃそうですよ。だって、こんだけ売れてなかったら自信もなくなってきますよ。最初の頃から比べると夢もすごい小っちゃいですよね」

黒田「デビュー当時は、ゴールデンで司会をやりたいとかあったんですけど、この間取材の時にね、二人でしゃべっていて、あれ？と思って。夢の話で、ラジオのレギュラーをやりたい

[redacted]

って言ったんですよ。もちろんそれもすごく大変な事ではあるんですけど」

川元「ホントにラジオがやりたいですね。ライブも嫌いじゃないですけど、お客さんが居ない方が僕は好きなんです。いかんせん客を気にしちゃうから、居ない方が僕はやりやすくて。でも、地方のラジオは嫌です」

黒田「地方でもいいでしょ！」

川元「いや、僕、地方で通用しないですよ。田舎育ちだから分かりますけど、東京よりもっと通用しないです。田舎では受け入れてくれない」

黒田「田舎では元気な人の方が受け入れられる世界ですからね（笑）。深夜放送だったらいけるんじゃない？」

川元「いけるんすかね～。地方の人、ラジオ持ってるんですか？」
黒田「持ってますから（笑）。そういえば昔、木更津ラジオとかで番組してましたもんね」
川元「誰も聴いてないんですよ」
黒田「誰からもメールがこないし。それを見かねて、ラジオブースの隣にある喫茶店のおばちゃんが、毎回送ってくれるんですよ。悲しかったな。ブースから見える所に居るんですよ」

地方に合わせていく気はない？

川元「ないですよ、そんなの」
黒田「何で？　金稼げるんだよ！」
川元「だったら、ホントに要らないです。やりたいようにやって受け入れられるならいいけど、田舎のジジババに合わせるなんて、すごい嫌ですよ」
黒田「時代に合わせられるタイプじゃないんですよね。前、勝俣（州和）さんに『好きな事をやって売れるのは遅いよ。時代に合わせられると早く売れるけど』って言われたんですよ。好きな事を突き通すんだったら、長い目で見た方がいいよって。僕らは完全にそっちですからね」

でも、黒田さんは正直、時代に合わせていく事ができますよね？

黒田「僕、器用な方なので合わせられるんですけど、身近で際どいものばかり味わっているので、だんだん普通のお笑いだと勃起しなくなってるんですよね。毒が入ってないとピンとこないんですよ。自分もいつの間にか舌が変わっちゃってるんでしょうね」
川元「何で〝勃起〟で例えていたのに、急に〝舌〟になるんだよ！」
黒田「もう少し上品にした方がいいかなと思いまして（笑）」
　ライブ用のネタ、テレビ用のネタで使い分けてはいるんですよね？
黒田「そうですね。一回、ネタ自体から変えようってなったんですよ。もうちょっと毒を抜いて、ポップな方に寄せようとやってはみたんです」
川元「それで『爆笑レッドカーペット』とかに出られましたけど、やっぱり何か寂しいというか」

[redacted]

黒田「笑いがガーンと突き抜けていく感じがないんですよね。１００点までのお笑いだなっていうか」
川元「でも、地方に営業で行くと、やってるのは『爆笑レッドカーペット』のネタですからね」
　本題からズレていくネタ？
川元「そうです、そうです」
　とても高い完成度だと思いますが？
川元「何だろうな……。ただシステムに当てはめただけの笑いなんですよ」
黒田「パターンというか。自分らの中ではちょっと嫌ですね、あれは」
川元「ただセリフを言っているだけ」
　でも、仕事として必要な事では？
川元「そういうネタはいっぱい欲しい

ですよ。テレビに出たいですからね」
黒田「ネタを作っていても、よくあるパターンの笑いにした方がウケると思うから、そうしようとはなるんです。けど、いざライブ直前になったら、やっぱりやめようってなったりするんですよね。舞台に出る1分前に袖でネタを変えたりしますから。常に狭間で葛藤はしていますよね」
川元「でも、前よりはだいぶお客さんに歩み寄っていますよ。いい加減気付けよ！　っていう（笑）」
　ちょっと恥ずかしいかもしれませんが、お互いの事をどう思っているのかもお聞きしたいんですが……？
黒田「大丈夫ですよ（笑）。川元さんはとにかく優しい人だと思います。ガッツリ怒られた事が一回もないですね。ネタの事で言い合う事はありますけど、そこまでぶつかった事はないですね。多分、川元さんじゃなかったら、僕、ここまで続けてないですね。僕の方が気が短いので（笑）」
川元「キチガイですよ、キチガイ！」
黒田「キチガイです、ホントに（笑）」
川元「面白くないキチガイです」
　黒田さんのキチガイっぷりは後ほどまたお聞きしますね（笑）。
黒田「で、川元さんは誰に対しても、このままです」
川元「人によって態度を変える事ができないです。それ、恥ずかしいというか、めっちゃカッコ悪いと思います」

黒田「それこそ、土田晃之さんが嫁さんと子どもができてから、芸風が変わって幅広く受け入れられるようになって、川元さんも結婚して変わるのかなと思ったら変わらなかった（笑）。でも、とにかく優しい人」

川元「それが売れるとなったら、ダメなところなんでしょうね。ホントは人を蹴落としていかないとなんでしょうけど、勇気がね……。『アメトーーク』に出た時もしかり、勇気を出すだけなんですよ。いかんせんね、いい人生じゃなかったんで、スポットライトが当たると怖くなっちゃう。オレでいいのかな、申し訳ないなって（笑）」

黒田「今のマネージャーさん達になって、川元さんは変わりましたね。会社の人にあまり心を開いてなかったのが、信頼するようになって」

川元「そっすね」

川元さんから見た黒田さんは？

川元「イメージと真逆だと思いますよ」

「キチガイ」だと（笑）。

川元「はい。電話がかかってきて、明るいトーンで話してるんですけど、電話を切った後、舌打ちしてます」

黒田「ただの嫌なやつじゃないかよ！でも、それは僕、ありますね。ネタとか考えている時に、ケータイが鳴ったりするとイラッとしちゃって」

ケンカ早いとか？

黒田「カラオケ店の店長を長くやっていたので、酔っぱらいによく絡まれていたんですけど、いなし慣れてますね。部屋に閉じ込めたりしてましたし、むしろ殴ってくれたらお金がもらえると思っていました。あんまり、引かない人ではありますね、僕は」

何か、良いところないんですか？

川元「ちょっと時間下さい……」

黒田「あるでしょ！　いろいろもめた時、助けてあげたでしょ！」

川元「……」

黒田「え、覚えてないの？」

川元「あー、でも、最終的に言った言葉は『いつまでもオレが味方で居ると思わないでくださいね』って」

黒田さんは女性問題ってありました？

黒田「僕は女の苦労はなかったですね。そこまで深く惚れさせる事ができなくて。それに別れようと思ったらスパンと別れる感じですね、いつも」

川元「結婚できないと思いますよ」

黒田「結婚は無理ですね。あんなわがままな生き物と一緒に住むなんて無理です。女性がガンガン浮気しているところを何人も見てきていますし」

川元「分かってないですね」

黒田「（苦笑）。結婚してもバラバラに住めるんだったらしたいですけど」

大学の助教授と付き合ってるとか。

黒田「今は舞台制作している方と（笑）。ライブの後に、後輩が開いてくれた飲み会で知り合ったんですよ。助教授さんとは、僕の浮気がバレて終わっちゃいました」

その浮気の相手がまさか今の……？

黒田「そうです（笑）」

黒田さんは、恋人が居ない時がないそうですね。

黒田「そうですね、何とか（笑）」

川元「でも、こいつはホント浅～いつながりですよ。好きになるってダメな部分も受け入れないとでしょ？　この人は受け入れないですよ。ダメな部分を見たら、こいつないわーってなる」

黒田「なるなー、うん（苦笑）。でも僕、吉本（興業）の男の社員と13年くらい一緒に住んでるんですよ」

[redacted]

川元「番組で知り合ったんですよね」

黒田「はい。『あいのり』で。知り合った時は学生だったんですけど、後に吉本の社員になったんです。最初はその男の子のほかに、女の子も居て三人暮らしをしていたんですよ。でも、女の子がそろそろ婚期だったので、引っ越しさせて、今は男二人だけで住んでいます。首都圏の2LDKで、結構いいマンションに住んでいるんですよ。吉本のやつが社員手当を充ててくれているので、助かってます（笑）」

川元「うちなんて汚ねーボロボロの都営住宅ですよ。かわいそうに嫁……」

奥様、大事にしてあげてください。

川元「インポになった時に絶対後悔

しますもんね、遊ばなかった事を。そう思って、ちょっと遊び始めようかなと。でも、嫁にバレたら、片方の翼がなくなってしまう……」

黒田「お笑いしかなくなっちゃいますから、気を付けてくださいよ！」

さまぁ～ずさんやバナナマンさんら事務所の先輩との交流ってあります？

川元「僕は全然ないですね」

黒田「最近、ないですね～。前はよくバナナマンさんとは遊んでいたんですけど。僕は今、スピードワゴンの小沢（一敬）さんとはたまに。今年も正月にチュートリアルの徳井（義実）さんとかとも一緒に旅行に行きました。楽しかったですね～。川元さんも小沢さんとは仲良いじゃないですか」

川元「たまに連絡来るくらいですよ。別にこっちからはしませんし。特に用事もないので、はい。僕、先輩とは全然付き合いがないです。先輩に気を使ってると思われるのも嫌ですし。後輩が楽ですね、僕は」

黒田「後輩とは仲良いですよね。でも、川元さんと仲良くなる後輩って必ず辞めていくんですよね（笑）」

川元「そうですね。仲良い巨匠もザンゼンジも解散しましたからね」

黒田「その二組くらいなんですよ。川元さんがずっぷり仲良かったの。その二組が辞めるって相当ですよ。何か川元さんは持っているんでしょうね、悪運というか、死神みたいなものを」
川元「持っているんでしょうね」
黒田「それが逆の方に振り切ってくれれば……（笑）」
でも、そんな負のオーラを感じないですけどね、「最近、明るくなった」って話を聞きましたけど。
川元「ですかね。今もお酒が入っていて〝E気持〟です、沖田浩之」
さて、宴もたけなわ。最後に今後の事を話していきましょう。
黒田「毎年年末に、二人で目標を立てるんですよ。それで、今年はちょっとテレビに向けてやっていこうと。でも、自分たちの色を殺さないように。今まで僕は、お客さんの立場、普通の人に近い立ち位置で、川元さんの異質さを引き立てようとしてきたんですけど、今年はもう両方がちょっとズレた感じで吹っ切っていこうっていう。それこそ初期に戻る感じですね。設定からちょっと面白い感じのネタで。昔はそれがぶっ飛び過ぎていたんですけど」
川元「そうっすね（笑）」
黒田「お客さんが受け入れてくれなかったので、去年までは学校の先生とか、警察の取り調べとか、みんなが見た事あるような設定で間口を広くしていたんですけど、今年は知名度も少しは出てきたから、ぶっ飛んだネタでいこうと。でも、ちょっとお客さん寄りにして。僕らの中で一番大事にしたいのは展開もの。真ん中で大きい展開をドンっと作って、お客さんを二重に楽しませたい。それをちゃんと盛り込んでネタを作っていきたいです。今、ネタ作りをしていて、楽しいですよね？」

川元「楽しくはないですけど」

黒田「あれ？」

川元「売れてないんですから、楽しくはないですよ」

黒田「今のマネージャーさんたちにはホント感謝してますね。今後の事を一緒に考えてくれるマネージャーって僕ら初めてで」

川元「そっすね」

　今がきっと一番面白い時期ですね。

黒田「はい、ワクワクしますね。『オールナイトニッポン』の作家さんが、僕らに付いてくれたりして。しかも無償で」

　きっと〝売れる〟事って、そんな風に人がなぜだか集まってくるところから始まっていくんでしょうね。

川元「そうですよね、ホントに。武田鉄矢も言ってましたよ」

黒田「何て言ってたの？」

川元「多分皆さん知らないでしょうけど『人という字は人と人が支え合ってできている』と」

黒田「知ってるわ！　誰でも知ってるよ！　でも、それ、すごい実感してる。周りに最近、付いてきてくれる人が居るな～っていうのは。こういう案はどうなんだ？　って、周りの人から言ってもらえる事も増えてきて。ああいうのうれしいですね！　今までずっと二人でしか考えてこなかったので」

[redacted]

黒かるた。

あれから
火を使わないと
イケない

明智光秀

いいクンニするよ
鎌倉幕府

源頼朝

かるた。

DOUBLE BOOKING

かるた。

DOUBLE BOOKING

かるた。

DOUBLE BOOKING

かるた。

DOUBLE BOOKING

運命って言えば
大抵の女
抱けるよ。

ベートーベン

え・・
エレキテル〜・・・

エジソン

かるた。

DOUBLE BOOKING

かるた。

DOUBLE BOOKING

かるた。

DOUBLE BOOKING

かるた。

DOUBLE BOOKING

オナニーは
蝉が一番

ファーブル

隠れ
シコリタン

天草四郎

かるた。

DOUBLE BOOKING

かるた。

DOUBLE BOOKING

かるた。

DOUBLE BOOKING

かるた。

DOUBLE BOOKING

君…
パスタ入れて
いい?

石川五右衛門

空海の陰毛
食うかい?

空海

かるた。

DOUBLE BOOKING

かるた。

DOUBLE BOOKING

かるた。

DOUBLE BOOKING

かるた。

DOUBLE BOOKING

玄白は淡泊

杉田玄白

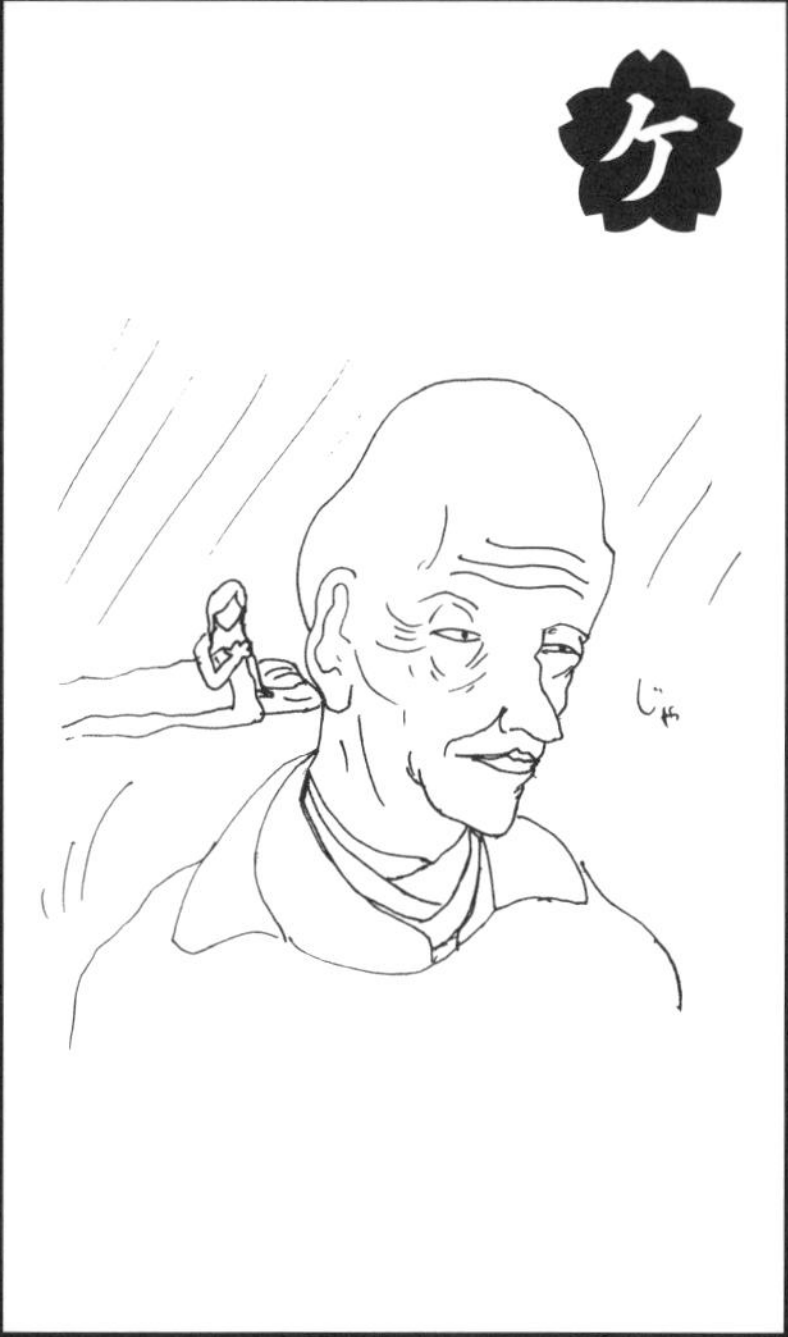

心の眼で覗け！

宮本武蔵

かるた。

DOUBLE BOOKING

かるた。

DOUBLE BOOKING

かるた。

DOUBLE BOOKING

かるた。

DOUBLE BOOKING

桜の木で
やりました

ワシントン

人民の
人民による
人民の為の精子

リンカーン

黒かるた。

DOUBLE BOOKING

黒かるた。

DOUBLE BOOKING

黒かるた。

DOUBLE BOOKING

黒かるた。

DOUBLE BOOKING

ススキのがある。

クラーク博士

千円でどう?

野口英雄

かるた。

DOUBLE BOOKING

かるた。

DOUBLE BOOKING

かるた。

DOUBLE BOOKING

かるた。

DOUBLE BOOKING

ソ

その通り・・
我が輩は
辞書でヌケる

ナポレオン

タ

段々
盛り上げて
ここで絶頂

モーツァルト

かるた。

DOUBLE BOOKING

かるた。

DOUBLE BOOKING

かるた。

DOUBLE BOOKING

かるた。

DOUBLE BOOKING

地球は
回ってるから
チンコにつかまれ

ガリレオ・ガリレイ

つまり・・・
泣き所も性感帯も
スネなの!

弁慶

かるた。

DOUBLE BOOKING

かるた。

DOUBLE BOOKING

かるた。

DOUBLE BOOKING

かるた。

DOUBLE BOOKING

テ

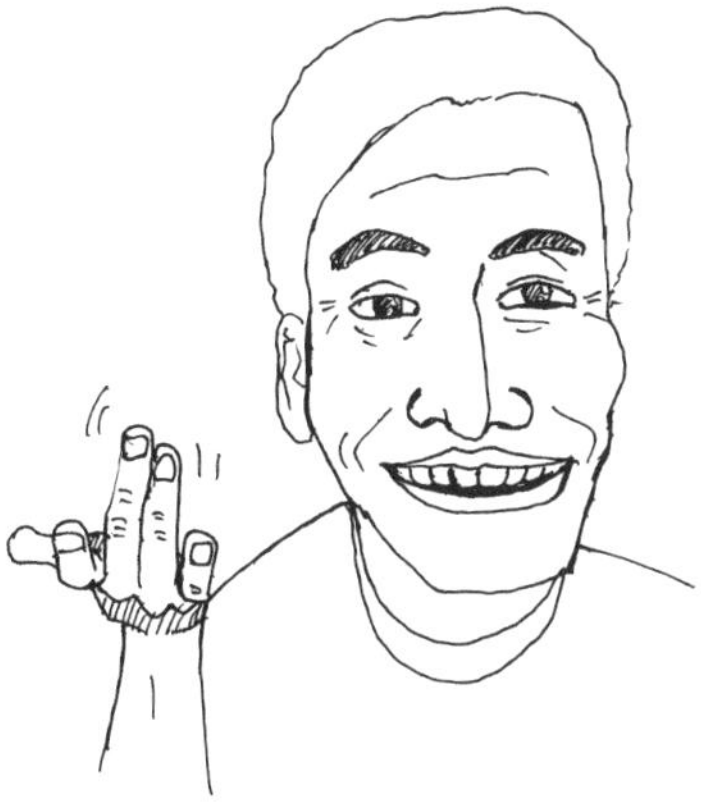

手を使えるって
いいな

ペレ

ト

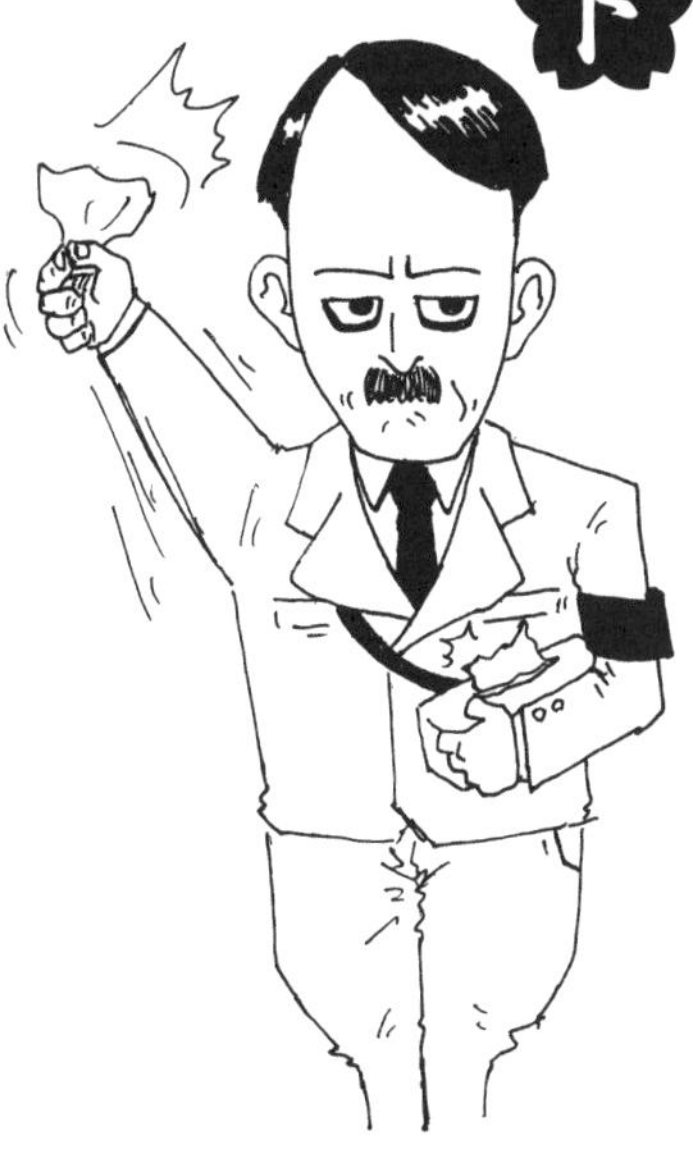

どこでも
シコっちゃうよ！

ヒットラー

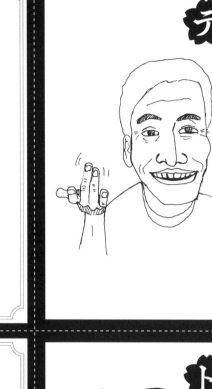

黒かるた。

DOUBLE BOOKING

黒かるた。

DOUBLE BOOKING

黒かるた。

DOUBLE BOOKING

黒かるた。

DOUBLE BOOKING

中に絵の具
だしていい？

ピカソ

二時にきて、
上野でたってるよ

西郷隆盛

かるた。

DOUBLE BOOKING

かるた。

DOUBLE BOOKING

かるた。

DOUBLE BOOKING

かるた。

DOUBLE BOOKING

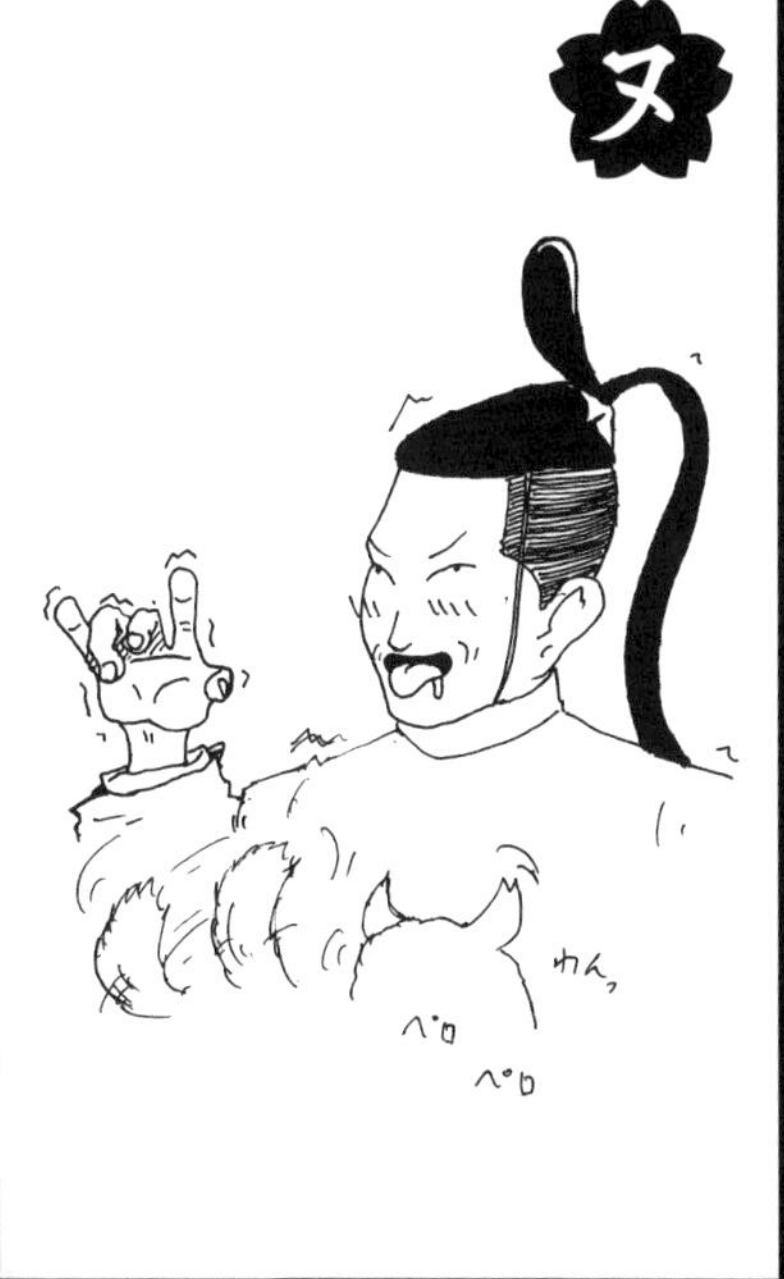

ぬぬ・・
この舌使い
ワンダフル

徳川綱吉

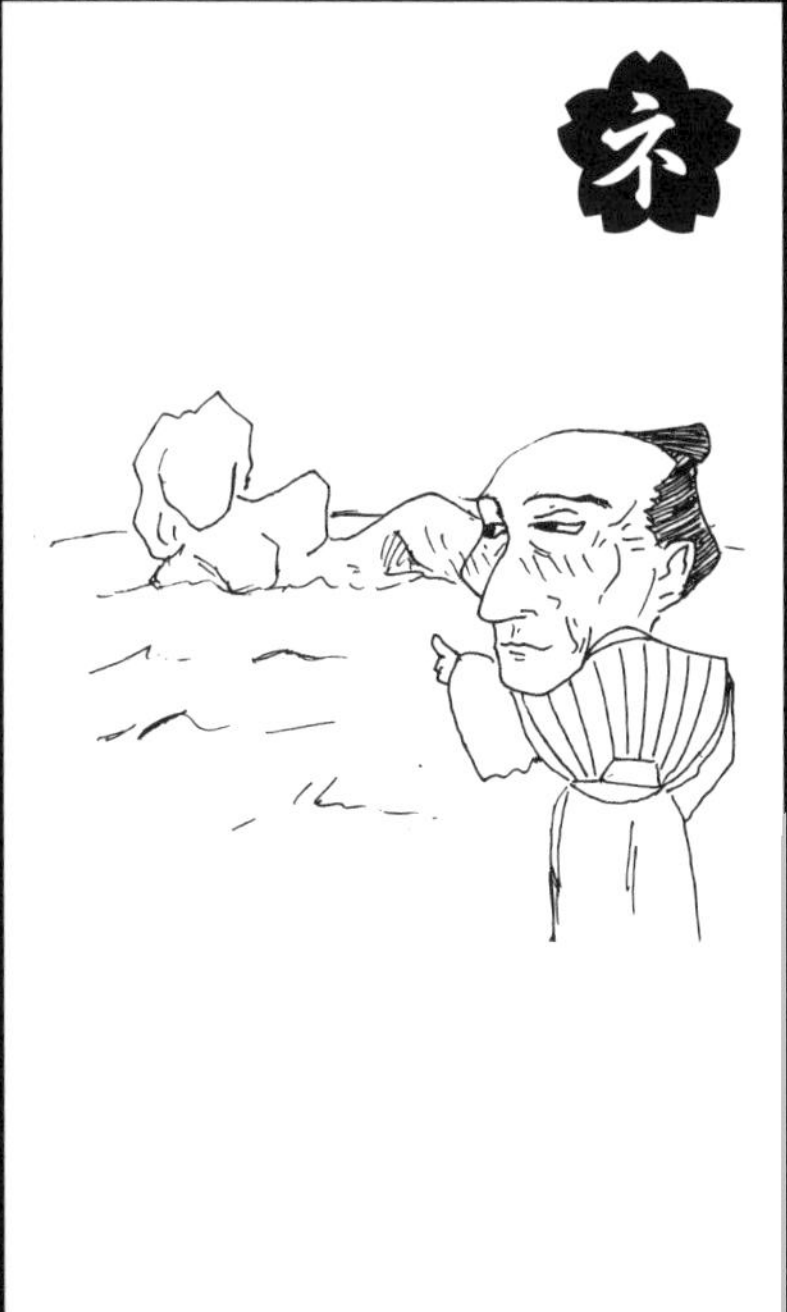

ねぇ・・あの島
女体っぽくない？

伊能忠敬

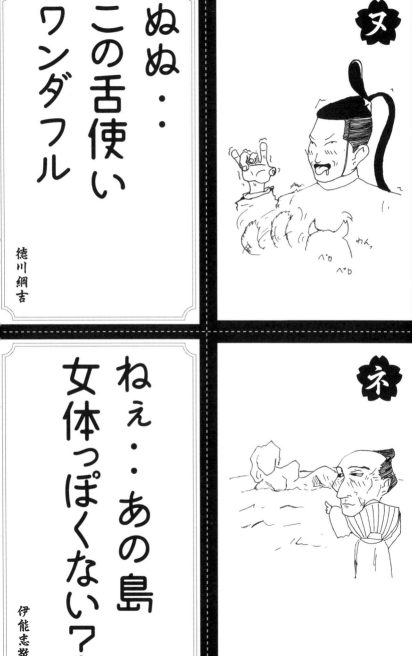

かるた。

DOUBLE BOOKING

かるた。

DOUBLE BOOKING

かるた。

DOUBLE BOOKING

かるた。

DOUBLE BOOKING

農民よ・・
股を開きなさい

ペリー

ハニワ
入れて。

卑弥呼

かるた。

DOUBLE BOOKING

かるた。

DOUBLE BOOKING

かるた。

DOUBLE BOOKING

かるた。

DOUBLE BOOKING

ひっひっひっひ・・
蝶のように舞い、
蜂のように
女王様に尽くす。

モハメド・アリ

船に
ヤギ乗せていい?

コロンブス

かるた。

DOUBLE BOOKING

かるた。

DOUBLE BOOKING

かるた。

DOUBLE BOOKING

かるた。

DOUBLE BOOKING

へー・・これが
バタースフィンクス？

クレオパトラ

ぽこちんだけ
宇宙に出すと
気持ちいいよ

ガガーリン

かるた。

DOUBLE BOOKING

かるた。

DOUBLE BOOKING

かるた。

DOUBLE BOOKING

かるた。

DOUBLE BOOKING

まぁ・・
パンがなければ
パン屋と寝れば
いいじゃない。

マリー・アントワネット

み・・みて・・・
ホトトギス
気持ちいい。

織田信長

黒かるた。

DOUBLE BOOKING

黒かるた。

DOUBLE BOOKING

黒かるた。

DOUBLE BOOKING

黒かるた。

DOUBLE BOOKING

むむ・・
絶頂は近いぜよ。

坂本竜馬

メロスはずっと
勃起しながら
走った。

太宰治

かるた。

DOUBLE BOOKING

かるた。

DOUBLE BOOKING

かるた。

DOUBLE BOOKING

かるた。

DOUBLE BOOKING

もみあげより
太いだろ?

エルビス・プレスリー

やや・・りンゴ
入ったよ・・・

ニュートン

かるた。

DOUBLE BOOKING

かるた。

DOUBLE BOOKING

かるた。

DOUBLE BOOKING

かるた。

DOUBLE BOOKING

YOU気付いた？
これ好きな子の
パイプです。

マッカーサー

夜は
中折れ

毛利元就

黒かるた。

DOUBLE BOOKING

黒かるた。

DOUBLE BOOKING

黒かるた。

DOUBLE BOOKING

黒かるた。

DOUBLE BOOKING

楽勝だ・・
兄さんの飛行機より
飛んだ

ライト兄弟

りきゅう
ローション
持ってきて

豊臣秀吉

黒かるた。

DOUBLE BOOKING

黒かるた。

DOUBLE BOOKING

黒かるた。

DOUBLE BOOKING

黒かるた。

DOUBLE BOOKING

ルースですけど・・
お・・奥さん
今どんなグローブ
着けてんの・・？

ベーブ・ルース

レロレロレロ・・
このベロ、
イジリーより早いよ。

アインシュタイン

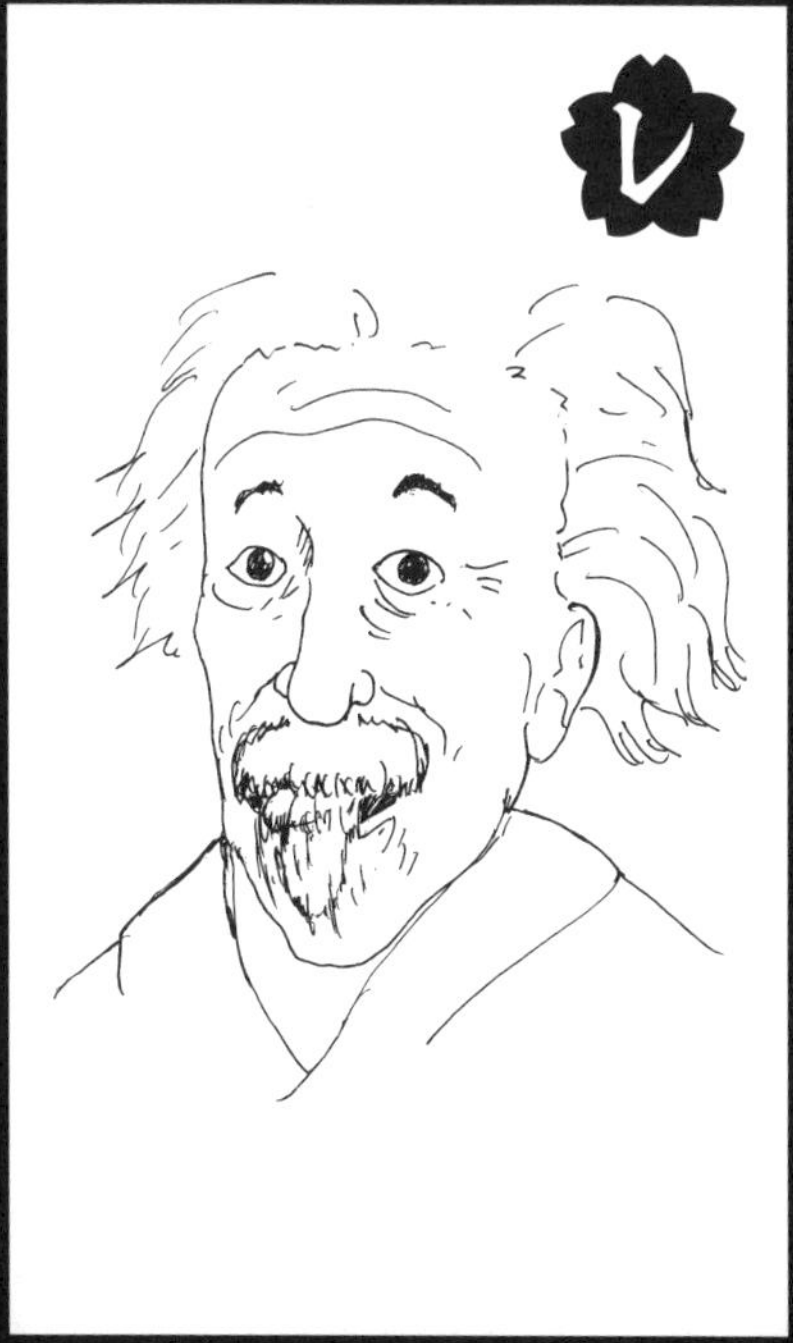

黒かるた。

DOUBLE BOOKING

黒かるた。

DOUBLE BOOKING

黒かるた。

DOUBLE BOOKING

黒かるた。

DOUBLE BOOKING

ロ

百万あげるから、
ハメレントゲン
撮らない?

レントゲン

ワ

我が輩は
猫である
タチではない。

夏目漱石

かるた。

DOUBLE BOOKING

かるた。

DOUBLE BOOKING

かるた。

DOUBLE BOOKING

かるた。

DOUBLE BOOKING

をぉーー!!
地球だと
1(ひと)こすりだけど
月だと6こすり出来た

アームストロング船長

かるた。

DOUBLE BOOKING

かるた。

DOUBLE BOOKING

おわり。

あとがき

返品は出来ません。燃やすなりタンスの下にかますなりしてください。超短編ですが初めて小説を書きました。13本書けと言われた時は目の前が真っ暗になりましたが、ざっくり書いて提出すればライターが手を加えてくれると思っていました。でもそんな奴はいませんでした。しかし、本も露出狂と一緒で出したもん勝ちだと思います。本もちんち○も、出したくても出せない人が多いからです。ありがとうございました。

川元文太

この本を出す時に軸にしようと思ったのは、川元のツイッターでした。あの呟きをメインに置いて本にしようと始まったんです。卑屈な内容しか呟かない、ネガティヴなつぶやき。アレがキッカケで本にしてもらえるとは思いませんでした。決して気持ちが上がる本ではないですが、「こんなクズな奴らがいるんだ」というところでテンションを上げて下さい。動いてくれた出版社の方々、うちのマネージャー、帯を書いてくれたいとうせいこうさんに心より感謝申し上げます。

黒田俊幸

自己満足。

ダブルブッキング

平成28年6月10日　第1刷発行

マネージメント　菅野雅之
都丸皓介

著　者　川元文太（ダブルブッキング）　黒田俊幸（ダブルブッキング）

発行人　田中朋博

企　画　株式会社ホリプロコム
堀友良平（ザメディアジョンプレス）

編　集　堀友良平

写　真　田中亘

取材・文　小畠良一

装丁デザイン　桃林勝（MO²）

印刷・製本　シナノパブリッシングプレス株式会社

発行所　株式会社ザメディアジョンプレス
〒733-0011 広島県広島市西区横川町2-5-15
TEL：082-503-5051 ／ FAX：082-503-5052

発売元　株式会社ザメディアジョン
〒733-0011 広島県広島市西区横川町2-5-15
TEL：082-503-5035 ／ FAX：082-503-5036

ISBN978-4-86250-431-9　